Introducción.

En momentos como los que se viven en estos primeros meses de este año 2020, donde por cuestiones de salud tenemos que estar confinados en nuestro hogar, es difícil evitar que lleguen a nuestra mente ideas de tan variados temas en estos momentos de ocio que parece infinito; sin embargo, lo más importante es plasmar dichas ideas por escrito para que no se pierdan, y más importante aún, buscar que vean la luz.

El presente trabajo consiste en una serie de pequeños ensayos de muy variados temas, como política, religión, sociedad, etc., los cuales fueron escritos en este periodo de emergencia sanitaria, en los que simplemente pretendo plasmar las ideas que se me vienen a cabeza y que considero importante que, por los temas a tratar, sean objeto de lectura sin que sea mi motivación imponer mis ideas, solo contrastarlas y poder generar un debate constructivo alrededor de las mismas.

Por otro lado, quiero aclarar que a pesar de tocar temas que sin duda son objeto de polarización, escribo sobre los mismos sin el objeto de defender o atacar institutos o ideologías políticas o religiosas en particular, se trata de ideas generales.

I.   Los Padres.

La generación de nuestros padres vivió en una época y siguió un desarrollo tremendamente peculiar, ya que les tocó vivir una dualidad interesante, ya que en un primer momento, sus padres (es decir, nuestros abuelos) vivieron épocas de una dureza sin precedente, esto, porque ellos en algunos casos, alcanzaron a sufrir las consecuencias, aunque de manera circunstancial de las guerras mundiales (en otros casos siendo los menos, vivieron parte de la Revolución Mexicana), lo que conllevó a un ambiente de dureza, de mayores carencias, de una insensibilidad, falta cariño y apoyo sin parangón en estos tiempos, todo en perjuicio de nuestros padres. Las muestras de cariño y amor eran sumamente escazas, y las pocas que había, tenían que compartirse con un gran número de hermanos y demás familiares con que compartieran su espacio. De igual forma, es fácil de identificar por su experiencia de vida, que los abuelos privilegiaban por mucho el trabajo sobre el estudio ¿Qué más que aquello que les ha dado de comer, iba a hacer que sus numerosos hijos no murieran de hambre? Además, no resultaba costeable para un padre campesino, barrendero o bolero, costear los diferentes niveles educativos de un promedio (cuando menos) de 6 hijos.

Salvo que nuestros abuelos hubieran alcanzado cierto grado de preparación académica (lo que generó que hasta el día de hoy, sus descendientes lleven un nivel de vida muy superior), la respuesta a todos los problemas era el trabajo duro. Nuestros padres sin mayores opciones se entregaron al trabajo duro: si su familia vivía en el campo, su trabajo tendría que ser rural, o si la familia vivía en la ciudad, tenían que aprender el oficio del padre y acompañarlo a sus labores. La escuela era una materia optativa de la vida, una distracción al trabajo, no era ni el medio ni el fin. De las mujeres ni se diga, la casa era su destino, y su formación estaba destinada a convertirla en ama de casa, no más.

En un segundo momento y después de vivir la primera parte de su vida con dichas características complicadas, el normal caminar del tiempo y del mundo, lleva a nuestros padres a vivir años raros pero intensos (en especial la década de los 80´s y los primeros años de los 90´s) donde una persona con ganas de trabajar aunque su nivel de estudios fuera bajo, podía alcanzar buenas posiciones laborales, adquirir una vivienda, un vehículo, vestir bien, en resumen, obtener todo aquello que no soñó o no pensó conseguir en los duros primeros años de su vida; otro factor importante para esos años surrealistas fue que muchos de los grandes tabúes de décadas pasadas se fueron derrumbando o debilitando (sobre todo los sexuales), junto una floreciente pero desde sus orígenes terrible industria de las drogas, y un gran y desbordado amor por el alcohol, hizo que nuestros padres vivieran dichos años de una manera tan libertina que solo se compara con el libertinaje de estos años, sin embargo, el de hoy, más que intenso es estúpido.

Aunado a lo anterior, encontramos factores geográficos que fortalecieron esos efectos, ejemplo, que en varias partes del país, sobre todo al norte de nuestra República, determinados trabajos no contribuían a mejorar las costumbres de las personas, muestra de ello hasta nuestros días es la maquiladora. Imaginemos por un momento: un lugar donde convergen 100, 200, 300 personas carentes económica y emocionalmente, con ganas por fin de vivir la vida como no lo pudieron hacer en su infancia, con deseos de disfrutar la música, el alcohol, el amor y sus placeres físicos, siendo ya por fin, económicamente autosuficientes. La combinación sin lugar a duda resultaba interesante y peligrosa a la vez. No resulta cómoda (aunque muchas veces si graciosa) la experiencia de escuchar a los padres vanagloriarse de haber recorrido todos y cada uno de los salones de baile de moda, reunirse en estos días de vez en cuando con sus "amigos de los 80´s" rememorando sus hazañas junto con las cantidades exorbitantes de alcohol que consumieron, u observar a los viejos varones hacer el recuento de las damiselas que durmieron en sus brazos.

Por más que amemos a nuestros padres, no podemos negar que entre los más variados tipos de música (cumbias, norteñas y música pop), tomaron tanto alcohol como si el mundo se fuera a acabar al día siguiente, tuvieron relaciones sexuales tantas veces y con tantas personas diferentes como si de ello dependiera la supervivencia de nuestra especie, bailaron hasta caer rendidos, experimentaron con tantas substancias que ahora les resulta muy fácil detectar cuando nosotros las hemos consumido (el experimentar con substancias en esos tiempos no era algo nuevo en la historia, ya que en los años 60´s se abrió el camino, la diferencia entre ambos periodos radica que nuestros padres lo hacían porque podían, no por una supuesta causa como en años anteriores).

Por otro lado, es importante señalar que a pesar de que nuestros padres vivieron momentos de importantes crisis económicas (prácticamente en cada década y en cada régimen sexenal se tuvieron golpes económicos importantes) nadie puede negar que el dinero valía mucho más que hoy, la tierra valía menos porque muchas partes del país no estaban desarrolladas, y las instituciones dedicadas a facilitar el acceso a la vivienda cumplían el fin para el que nacieron (no funcionaban como instituciones financieras como hoy en día), por lo que no es raro que nuestros padres hayan consolidado relativamente jóvenes, un patrimonio inmobiliario que les permite vivir con algo de tranquilidad en la actualidad.

A pesar de que nuestros padres vivieron buenos años, donde experimentaron de todo y alcanzaron un cierto grado de bonanza, una cosa que no podemos perder de vista, tanto en el pasado como en la actualidad, es que lamentablemente a pesar de tantos esfuerzos y batallas, las mujeres aún se encuentran relegadas en muchos ámbitos de la vida pública y privada.

Resulta triste ver, a pesar de lo mucho que el mundo ha cambiado, que muchas de las madres adultas de hoy en día (prácticamente ya abuelas) se toparon una y otra vez con comentarios de sus padres, donde las animaban a seguir el camino del hogar y no el de la superación personal, ya que el hombre era quien debía estudiar para mantener a la mujer, siendo ésta última, quien debía encargarse del hogar y de los hijos; sin embargo muchas de estas grandes mujeres decidieron sobreponerse y ponerse en acción para superar esas barreras culturales (si bien es cierto hoy en día está resurgiendo la mentalidad machista del pasado en cuanto a la mujer, que sin duda debe ser erradicado, los métodos de protesta en la actualidad no son los más adecuados), logrando títulos universitarios y carreras profesionales envidiables, motivando por tanto a sus hijos e hijas a superarse personal y profesionalmente poniendo a su alcance (sin el menor esfuerzo o merecimiento por parte de las vástagos) todos los medios para que lo lograran, incluso a costa de su seguridad financiera.

Del otro lado, los hombres acostumbrados a trabajar desde muy jóvenes, conocedores del valor y la complejidad de obtener el dinero, al momento de asumir su paternidad (aquellos grandes hombres que no huyeron), también optaron por reducir al mínimo el esfuerzo y el sufrimiento de sus hijos, poniendo en bandeja de plata el mundo a sus descendientes, con las consecuencias que más adelante enunciaremos.

Ahora bien, derivado de todo lo señalado en párrafos anteriores, tenemos como resultado a unos padres cultural y educativamente ignorantes (remarco esto, aunque suene raro, ya que su experiencia de vida los ha hecho bastante sabios en realidad), de inicio carentes económica y afectivamente, cuya evolución los llevó a experimentar una era de bonanza y libertinaje donde consideraban que todo estaba a su disposición sin consecuencias, época la cual consideraban nunca iba a acabar.

¿Qué obtuvimos como resultado de lo anterior? Una bifurcación.

Por un lado, unos padres que conscientes de todas sus carencias en los primeros años de su vida, no iban a permitir el sufrimiento aunque fuera mínimo de sus hijos; por el otro, unos padres que conscientes de que con esfuerzo se superan todas las carencias, estaban dispuestos a aventar a sus hijos al mundo con la menor ayuda posible, y que estos lograran seguir sus pasos y superar adversidades. Sin duda dos apuestas arriesgadas.

Muchos de los miembros de estas nuevas generaciones (sobre todo las más nuevas), son sin duda alguna, producto de padres sobre protectores, padres que aún alcanzaron a nacer en zonas rurales del país, o en zonas urbanas de gran marginación, donde el menor de sus problemas era el estudiar, ya que el mayor de ellos era sobrevivir, problema que era tan de ellos como del gran número de hermanos que los acompañaban en sus penurias, por lo cual sus hijos no iban a sufrir las mismas privaciones que ellos vivieron en su infancia. Los miembros restantes de estas generaciones, son jóvenes resultado de padres que los dejaron caminando por la vida mayormente solos, por lo cual, o superaron las adversidades de la vida y son miembros ejemplares de nuestra comunidad, o son jóvenes resentidos a raíz de su experiencia de vida y necesita el Estado identificarlos y ayudarles. Vaya dilema.

Sin embargo, y a pesar de los señalamientos hechos en este apartado hacía nuestros padres, que sirvan también estas páginas iniciales como un sentido reconocimiento para ellos, ya que no se puede negar que ninguna persona nace sabiendo ser padre, es un trabajo que se aprende sobre la marcha con sus aciertos y sus errores, y sin embargo y a pesar de todo, ninguno de nosotros ya sea para bien o para mal, sería lo que es hoy sin el resultado de las acciones de nuestros padres.

Que quede en nuestra memoria las noches en vela de nuestros padres cuando nos enfermábamos o ya más grandes salíamos de fiesta. Cuando fueron los únicos que nos siguieron en nuestras locas ideas en los equipos de futbol, en las bandas de rock, o quienes curaron nuestras heridas por las batallas de un temprano amor fallido.

Simplemente ¡Gracias!

II.   Nosotros.

Como resultado necesario de las acciones de nuestros padres, hoy nosotros somos un caso muy especial, donde nos consideramos ser la solución a todos los males del mundo, que al haber tenido gracias a nuestros padres acceso a información, preparación, cultura y viajes que ellos no hicieron (porque no quisieron o no pudieron) tenemos todas las respuestas a los grandes misterios, sin embargo, y a pesar de tener fuertes convicciones sobre lo anterior, no tenemos el compromiso suficiente para cambiar el mundo.

Para empezar, no tenemos la capacidad de resolver nuestros propios problemas. En cuanto el desempleo llega a nosotros, corremos con nuestros padres para que nos ayuden a pagar la renta, las tarjetas y el celular o volvemos a invadir su hogar; los insultos y las injurias ya no las podemos resolver nosotros mismos, siquiera con los puños saliendo de la escuela (aclaro, no hago con esto una apología de la violencia), ahora corremos a los brazos de papá y mamá clamando auxilio y sometiéndonos a terapias psicológicas, por algo que antes se resolvía con suma facilidad

Cuando los padres deciden que a sus hijos no los debe afectar ni el aire que respiren, que miden hasta el nivel de cloro que contiene el agua que beben, es cuando la adultez se pospone indefinidamente y nos convertimos en "adolescentes veteranos", donde a los 30 o 35 años de edad, seguimos como sanguijuelas vaciando los bolsillos de nuestros padres, arruinando sus negocios y exponiendo su patrimonio (en los mejores casos, ya que en otros no hacemos más que dañar su sobrevivencia acabando con sus pensiones).

Lo anterior afecta cada ámbito de nuestra vida, por ejemplo lo laboral, donde, si en un empleo el patrón se aventura siquiera a mirar feo a la joven estrella, a criticar con justa razón su desempeño, no se duda en salir corriendo sin mediar palabra de ese trabajo cruel, donde a pesar de estar "preparado para llegar a la dirección general en un mes", no perdonan un "errorcito" aunque cueste a la empresa cientos de miles de pesos. Y este comportamiento se va repitiendo necesariamente en un empleo tras otro, logrando que la hoja de cotización de seguridad social sea tan amplia, y la experiencia efectiva tan poca, que lo único que queda hacer (ya sea por primera o por enésima vez) correr con papá y mamá a vaciarles los bolsillos.

Así llegamos al punto en que los padres arriesgan aún más el pellejo por su hijo, el cual sin medir el riesgo asumido por sus progenitores, se convierte necesariamente en un "tiburón emprendedor", el cual de buenas a primeras y para impresionar a su círculo social, se transforma en un "empresario exitoso", donde lo primero que hace en lugar de consolidar el negocio es gastar el poco capital en un local ostentoso, en un vehículo bonito, y en instrumentos de trabajo caros, ya que "de la vista nace el amor" y a su consideración, de ello depende el éxito de su negocio, sin embargo, al tener tan poca experiencia y nada de capital, el negocio irremediablemente fracasa y quien más si no los padres asumen el costo financiero del error, el cual literalmente ha llevado a la ruina a un sinnúmero de padres.

Eso ocurre desde el punto de vista profesional, sin embargo, en lo personal las cosas no varían mucho. Creemos amar a una persona, la novia o el novio de la preparatoria, una relación de noviazgo que se alarga demasiado en el tiempo, donde casi es un hecho irrefutable que uno de los dos le es infiel al otro, y, sin embargo, la feliz pareja decide dar el siguiente paso y contraer matrimonio. De buenas a primeras (hasta parece una regla general, aunque existen siempre excepciones) un noviazgo de muchos años se convierte en un matrimonio de un par de años… o de meses.

Hasta en eso fallamos en comparación con nuestros padres; éstos se casaron jóvenes (dejando de lado el tiempo de noviazgo) y, sin embargo, ambas partes, sobre todo la mujer, aguantaron de todo. Las razones son muy variadas, pero la más importante de todas es, aunque suene como cliché, que antes se luchaba por las cosas, las parejas no se rindieron fácilmente, (sin importar si el trasfondo fuera la vergüenza o el señalamiento de fracaso) lucharon por conservar el matrimonio contra todo obstáculo y error del otro. La finalidad de hacer vida en común y apoyarse en la vida (objeto del matrimonio) siempre pesó por sobre todas las cosas.

Pido en este punto que no se mal interprete el tema y se considere que hago una recomendación a aguantar cualquier tipo de violencia en el matrimonio, o que indico que es más valioso vivir una vida infeliz, no es esa la finalidad. Se trata de hacer una comparación, ya que, como en el tema profesional, nuestra capacidad de resistencia al mínimo agravio es tan pequeña, que resulta más valioso tirar a la basura el tiempo que jamás volverá, que luchar por las cosas que valen la pena.

¿Cómo eran las cosas antes? Por ejemplo, y como ya se mencionó en párrafos anteriores, si alguien te insultaba en la escuela, las cosas se resolvían terminando las clases. Más allá de que la técnica de golpeo fuera buena o mala, los peleadores se "rifaban" con valor, y ya fuera que la lucha terminara por K.O. o porque un profesor o la policía detuviera a los contendientes, al final del día, el tema se cerraba definitivamente con un saludo cordial (hasta en eso hoy somos más salvajes: un acontecimiento de esta naturaleza es probable que se zanje hoy con un balazo que con un saludo).

De igual forma, en el pasado, si la relación con la pareja empezaba a fallar, antes que nada, existía muchas veces un pacto entre los cónyuges, de que los problemas del matrimonio eran de la pareja, no de la familia de uno o de otro o de los amigos: la ropa sucia se lavaba en casa. Ya fuera por la vergüenza de volver a casa de los padres, ya fuera por evitar la vergüenza de vivir con el signo de un matrimonio fallido o de que los hijos no crecieran sin padre o sin madre, se luchaba por el matrimonio, se luchaba por el amor que los llevo en un primer momento a decidir estar juntos hasta que la muerte los separara. Las personas han cambiado.

En páginas anteriores señalamos la existencia de una bifurcación entre los padres que sobre protegieron a sus hijos y aquellos que, por considerarlo adecuado con base en sus vivencias, los dejaron caminar mayormente solos; los ejemplos señalados en los párrafos anteriores claramente se refieren a los hijos resultado de la primera clase de padres. Ahora hablaremos de los segundos.

Todo en la vida genera una dualidad, todo en la vida y en la naturaleza se da en pares, y en este caso no es la excepción, ya que existen dos clases de hijos de aquellos padres que los dejaron caminar a su modo y a su ritmo. Aquellos hijos que nos demostraron sin duda alguna que la **inocencia si florece bajo tierra,** ya que, a pesar de las carencias económicas y emocionales, evitaron o se alejaron de las malas compañías y tentaciones, concluyeron sus estudios (muchos de ellos con resultados sobresalientes), formaron familias estables, y luchan día a día para lograr un desarrollo profesional y económico destacado.

La adversidad forja el carácter; si no tienes nada, vas a luchar con todas tus fuerzas para tener algo, vas a enmendar los errores de tus padres, y más importante aún, vas a agradecer que estos con sus decisiones te hayan aventado al ruedo y hayas aprendido a sobrevivir. Estas personas se han convertido en verdaderos líderes sociales, en profesionistas exitosos, en verdaderos jefes de familia, pero más que nada, en gente comprometida con su profesión y con la sociedad, o en personas que cuando llegan al sector público, lo hacen con un verdadero espíritu de servicio, y no con afán de llenar sus cuentas bancarias en lo que vacían las arcas del país.

La otra clase de hijos es aquella que la vida y la sociedad le llevó a encauzar de otra manera el tipo de vida que le tocó vivir, ya que en ellos se generó un resentimiento al ver que otros con el menor esfuerzo tenían y lograban cosas que a su consideración no merecían ya que no se habían esforzado en conseguirlas; teniendo por amplificado el resentimiento al considerar que ellos con su esfuerzo ya deberían haberlo logrado muchas cosas pero no lo han conseguido. Todos conocemos un gran número niños que lamentablemente son fáciles de identificar: no andan aseados ni en casa ni en la escuela, no cumplen con sus tareas y tienen bajas calificaciones, todo quieren tener, son conflictivos y muchas de ellos nunca han probado comida de verdad diferente a la comida chatarra de tan fácil acceso.

Este tipo de hijos es un caldo de cultivo para la violencia y el crimen, ya que al tener una vida con tantas carencias y con tantos deseos frustrados, es fácil engancharlos a todo tipo de actividades criminales, con la promesa de dinero y poder, con lo cual podrán obtener hoy en día, todas aquellas cosas que siempre desearon y que la vida y sus irresponsables padres les negó.

Este tipo de jóvenes, por ejemplo, de llegar al servicio público (ya sea en niveles aceptables por su preparación, o en niveles inferiores) resultan proclives a la corrupción y al abuso de autoridad y poder. Este tipo de personas requieren ser identificadas por el Estado y verdaderamente recibir ayuda, no como los niños mimados que al primer grito "quedan traumatizados" y acaparan los recursos que no llegan a quien en verdad los necesita.

Sin embargo, que sirvan de igual manera estas páginas para un reconocimiento sincero a aquellos jóvenes que en muchos ámbitos de la vida, contribuyen en menor o mayor medida, a hacer de este mundo un lugar mejor. Jóvenes que son líderes, que están dispuestos a ayudar al prójimo sin recibir nada a cambio, a aquellos que arriesgan su vida para mejorar la de otros.

Otra cosa importante a señalar, para que nosotros mismos podamos corregir tanto nuestro camino, como el futuro del mundo es ¿Qué va a pasar con el futuro del planeta y la raza humana si nos seguimos enfocando en hacernos *coach, influencer, modelo en redes sociales de fotos, gamer, trader,* etc.?

Después de haber señalado, si se quiere, de manera somera, características de las nuevas generaciones y que la vida de nuestros padres fue el origen en mayor medida de las mismas, en las siguientes páginas abordaremos temas que contribuyen a mantener este estado de las cosas y que evitan que estas cambien.

III.   Violencia.

No pretendo para nada ser un portavoz de las víctimas, ya que en lo personal la violencia me pegó de manera colateral, sin embargo, mi lugar de nacimiento me da algo de conocimiento, razón, experiencia y autoridad para expresar mis ideas respecto de este tema. En los fatídicos años que van del 2007 al 2011 (sin perder de vista que el periodo se puede tener por extendido hasta el día de hoy) el país se vio envuelto en niveles de violencia no vistos desde la época revolucionaria.

No se trata de pronunciarme ideológicamente de las estrategias políticas o policiacas, o de emitir juicio alguno respecto de los gobiernos de dicho periodo; se trata simplemente de como sufrimos aquellos días. El escenario se hizo tan dantesco que en uno de los años señalados anteriormente, el Presidente Municipal de mi ciudad natal tuvo que realizar la celebración del grito de independencia parapetado en el edificio sede del gobierno municipal, transmitiendo por televisión dicho acontecimiento y temblando de miedo. Este alcalde es el ejemplo de cómo hechos de esta índole trastocan todos los ámbitos de la vida, ya que la carrera política de dicho funcionario se acabó junto con su administración, y él se esfumó de la escena pública sin razón alguna, aparentemente...

El panorama de aquellos tiempos, (sin contar estos momentos ya que hoy es por temas de salud) era de histeria colectiva, y sin pretender exagerar, si por alguna razón tenías que salir de casa, no existía la certeza de que regresaras con vida, ya que el más mínimo detalle podría implicar la pérdida de la misma. Por ejemplo, si alguien se atrevía a andar incomodando con el claxon del vehículo en las calles, los delincuentes (que en principio no sabías si lo eran o no), era común que descendieran del auto y te dispararan sin piedad en la cabeza. Si estabas comiendo, jugando o tomando el fresco en la calle, en cualquier momento una batalla entre grupos criminales rivales, o entre criminales y las fuerzas del orden te podía quitar la vida a causa del fuego cruzado o las balas perdidas. ¿A caso es normal que se enseñara a los niños en las escuelas a que en cuanto oyeran disparos se tumbaran al suelo boca abajo en el lugar donde estuviesen? **Normalizamos el horror.**

La violencia despiadada terminó con varias camadas de jóvenes talentosos y de futuro prometedor. Pero esto no solo ocurrió a través de la muerte como víctimas, también esas camadas desaparecieron bajo el papel de victimarios.

No solo murieron jóvenes estudiantes talentosos o deportistas exitosos confundidos como delincuentes, o por haber estado en el lugar y momento equivocado; también, al haber sido cooptados por el crimen organizado, muchos jóvenes igual de brillantes se perdieron entre las tumbas, las prisiones o simplemente se encuentran desaparecidos de la faz de la tierra.

Pero de esto también fueron correlativamente responsables nuestros padres. No faltará quien me acuse de hablar por hablar, pero si hacemos un ejercicio retrospectivo (siguiendo el argumento de la bifurcación) aquellos hijos de padres que todo les dieron, lógicamente eran más llamativos para convertirse en víctimas a los ojos de los delincuentes al tener mejor vestimenta, teléfonos, vehículos (víctimas de secuestro, robo, homicidio, etc.). O aquellos hijos de padres que los dejaron muchas veces a su suerte, fue fácil reclutarlos al crimen y convertirlos en los brazos ejecutores del crimen.

Hablando de estos últimos jóvenes, ¿por qué escogieron esos caminos? A ciencia cierta nunca lo sabremos, ya que por un lado, presionados por el hambre, la pobreza y la falta de oportunidades el camino del crimen pudo ser la única esperanza para sobrevivir; o por el otro lado, dichos muchachos pudieron ser seducidos por la facilidad con la que se conseguía el dinero, poder o mujeres. Sin embargo, en ambos casos (víctima o asesino) perdimos tanta juventud valiosa y de la que nunca sabremos que pudieron aportar para bien del mundo.

Como en todo conflicto, siempre hay repercusiones o consecuencias que muchas veces se pierden de vista, ya sea por ineptitud o intencionalmente, y en este caso, tenemos un riesgo latente de perder otra generación de jóvenes, pero esta vez no tendrían el papel de víctimas directas de la violencia, más bien, ahora se convertirían en el "daño colateral" de dicha violencia.

Nos referimos a todos aquellos jóvenes que afectados por la violencia, que perdieron a través de las balas de los criminales a su padre, a su madre o a ambos; a aquellos niños que se vieron descuidados por su familia ya que al perder a uno de sus padres, el otro tuvo que trabajar para conseguir para comer y no recibió la atención debida; a aquellos muchachos que quedaron al cuidado del Estado porque su familia fue aniquilada y sus bienes destruidos por las *vendettas* de la mafia.

A esos jóvenes y niños, el Estado no está otorgándoles la atención debida ni la ayuda necesaria; son menores a quienes se les tendría que priorizar en virtud del *interés superior del menor* y sin embargo se les ha abandonado, no reciben becas verdaderamente significativas ni apoyo psicológico. Con tal negligencia solo estamos preparando una nueva bomba de tiempo, que cuando estalle va a arrojar como resultado ciudadanos resentidos, niños que como en otros países podrían llegar a su escuela a provocar masacres, o muy probablemente nuevos reclutas para el crimen organizado.

No hay apoyos para dichos menores, ni tampoco para aquellas personas que se vieron afectadas en su patrimonio por causa de los delincuentes, ya que como es sabido, estos últimos despojaron de un sinnúmero de inmuebles y vehículos a muchísimas personas, con la finalidad de usarlos para sus actividades delictivas; no hay apoyos para que aquellas mujeres que perdieron a su pareja puedan recibir ayuda psicológica tanto para ellas como para sus hijos.

Otro aspecto grave, olvidado e igual de importante es la afectación que hubo a la economía en virtud de la mencionada violencia. No existen cifras concluyentes de cuantos negocios cerraron en virtud de las extorsiones o secuestros realizados hacía los propietarios de los mismos o hacía sus familias, tampoco conocemos el daño en relación a bienes inmuebles o mercancía robada por los delincuentes, pero nadie puede negar que la economía fue dañada por la violencia.

Peor aún, los empresarios (aunque no se quiera aceptar por determinados movimientos políticos) tan esenciales para la prosperidad económica de cualquier Estado moderno, solo se convirtieron en meras estadísticas en cuantos a homicidios, secuestros y extorsiones, sin tomar en cuenta su importancia en la comunidad; ejemplo de ello es, que aun cuando la mayoría de las veces los empresarios cubrían la "cuota" que exigían los delincuentes, estos los asesinaban, secuestraban o quemaban sus negocios. En cuanto al daño patrimonial, aunque dicho empresario pudiera acreditar el daño y la propiedad de sus bienes, el Estado se mostró incapaz (por corrupción, miedo o incompetencia) de resarcir el daño. En cuanto a la pérdida de la vida mejor ni hablamos.

Por si lo anteriormente señalado en este apartado no fuera suficiente, tenemos como joya de la corona algo que es conocido y vivido plenamente por la población: Los elementos de las corporaciones policiacas de todos los niveles de gobierno (excluyendo, aunque no del todo a los elementos del ejército y marina) cometieron un sinfín de delitos durante los periodos en que fueron enviados a determinadas ciudades a "reforzar" las tareas de seguridad.

Cualquier funcionario público o historiador de esa época que quiera confirmar esta aseveración, le será sumamente fácil hacerlo, ya que muchísima gente en menor o mayor medida, fuimos víctima del abuso de poder y actos delictivos de las fuerzas del orden. Es por todos sabido, cómo los policías eran quienes extorsionaban a los comerciantes, eran quienes participaban en el secuestro de ciudadanos, eran ellos quienes secuestraban, violaban y asesinaban a las mujeres a su antojo, así como eliminar a los familiares que les hicieran frente o se atrevieran a denunciarlos.

Fuimos víctimas tanto de los criminales ordinarios como de los criminales que tenían la responsabilidad de cuidarnos. Quiero ser sumamente enfático que esta no es ninguna crítica particular a algún partido político o funcionario público concreto, es una crítica al Estado en general sea quien sea que lo administre, ya que fue el Estado quien falló.

Mención aparte por parte del que escribe son los casos como los de los Normalistas de Ayotzinapa. Dentro del clima de violencia que ha imperado en nuestro país, debemos de luchar por no seguir normalizando el horror, y este caso es un ejemplo de ello. Resulta lamentable la desaparición de los jóvenes normalistas, y estamos obligados a esclarecer la verdad de los hechos, descubrir su paradero y castigar a los responsables, no debe haber fuerza humana que haga que dichos deberes se olviden; sin embargo, tampoco podemos seguir consintiendo actos como los realizados por los normalistas antes de su desaparición. Aclaro que no es mi intención criminalizar a las víctimas, pero quiero señalar, que si como sociedad y como país evitamos comportamientos de esta naturaleza, por más mínimos que sean, podemos evitar resultados como el de los normalistas.

No basta una disculpa pública para ninguna de las víctimas que hemos mencionado en estas líneas, no bastan reuniones entre víctimas y gobierno, no bastan los memoriales. Es necesario e improrrogable un programa integral para detectar a todas y cada una de las víctimas, apoyarlos psicológicamente, y sobre todo a indemnizarlos económicamente, aunque todo lo anterior sea insuficiente para curar el dolor provocado. Pero ojo con dicha indemnización, ya que en primer lugar requerimos expertos para evaluar y poner un precio a los bienes, derechos y vidas perdidas por la violencia, y en segundo lugar, su aplicación y pago debe ser lo más claro y breve posible, para evitar los pagos "cómodos y chiquitos" a las víctimas y que puedan ser utilizados como botín electoral.

IV. Información.

Muchas veces creemos que el papel de los medios de comunicación ha evolucionado benéficamente con el tiempo en comparación al comportamiento de los mismos cuando nuestro país estaba sometido a un régimen de partido único. Nos hemos equivocado.

No podemos olvidar que nuestro país tiene una larga y valiosa tradición de periodistas comprometidos con la libertad de prensa y la libre expresión de ideas (ejemplo de ellos: Francisco Zarco, Ireneo Paz, los hermanos Flores Magón, Julio Scherer García, entre otros, y gracias a los cuales, por ejemplo, su servidor puede estar escribiendo estas líneas) y sin embargo, después de la consolidación del régimen revolucionario, y del establecimiento del régimen de partido único (denominado por Vargas Llosa la "dictadura perfecta") dicha tradición fue dinamitada, ya que era el Estado quien controlaba la creación de los medios de comunicación y su contenido.

No podemos olvidar como determinado empresario y magnate de los medios consideró a su empresa televisiva y así mismo (palabras más, palabras menos) "soldado del partido en el poder", o como otro empresario llegó hasta la industria de los medios gracias a la privatización de varias empresas del Estado; lo anterior nos muestra la relación simbiótica entre los medios y el Estado: Me ayudas monopolizando y callando las voces disidentes, propagas la información que te doy; a cambio, los millonarios contratos publicitarios del gobierno son tuyos. Una fórmula simple pero efectiva.

¿Qué pasaba si no te ceñías a la fórmula anterior? Simple, el Estado presionaba, asfixiaba y al final de cuentas "expropiaba" el medio disidente, expulsando a los líderes comprometidos con la información veraz y colocaban "periodistas" agachones (ejemplo de lo anterior, el paradigmático caso del *Excélsior* de Julio Scherer), en aquellos años, eran muy pocos los medios que resurgían de sus cenizas para seguir con la valiosa labor de informarnos verídicamente (como el caso de *proceso*).

Con el cambio de siglo y de régimen (a uno que se esperaba fuera verdaderamente democrático), se esperaba un mejor comportamiento de los medios de comunicación, sin embargo todo siguió igual, ya que los mismos medios de siempre continuaron ayudando a manejar la información del gobierno en turno, y esto se traducía en millonarios contratos, únicamente con un pequeñísimo gran cambio en relación al pasado: cada año el precio a pagar a los medios en virtud de dichos contratos iba en aumento.

Por lo anterior, no resulta extraño que cualquier gobierno sin importar su ámbito de competencia o ideología política que se atreviera a terminar con ese servilismo periodístico fuera atacado un día sí, y otro también, por los periodistas afectados en sus bolsillos, lo cual nos demuestra dos cosas:

1- Que resulta completamente justificada la desconfianza y el nivel mínimo de consumo de los contenidos de los medios de comunicación tradicionales por parte de la ciudadanía en general y su migración a las plataformas digitales (como parámetro de este comportamiento sirve la turbulencia en el valor de las acciones bursátiles de las televisoras).

2- La falta de ética profesional y de compromiso con la verdad por parte de los medios en general, y de muchísimos periodistas en particular. Su papel se ha reducido al de meros mercenarios que ponen a disposición del mejor postor la poca credibilidad que les queda ante el auditorio (pocas cosas me han sorprendido tanto en la vida como ver las reacciones de los periodistas cuando los gobiernos les tocan los bolsillos).

Sin embargo, no toda la responsabilidad la tienen los medios. Nosotros como consumidores de contenido, deberíamos tener el compromiso cada vez más fuerte de que una vez desacreditada la información de determinado medio o pseudoperiodista, no volver a confiar en los datos que presenta y en sus fuentes para echarlo al basurero de los medios y al olvido del público. Aunque suene drástica la medida, no debemos olvidar lo dañino que puede ser para la sociedad o la economía la falsa información.

Un punto que resulta importante señalar, al ser un fenómeno de nuestro tiempo y sumamente dañino es el exceso de información.

Como se señaló en apartados anteriores, las nuevas generaciones tienen un acceso casi ilimitado a una cantidad sorprendente de información, y se consideran por ello, destinados a cambiar el mundo; sin embargo, algo que nadie ha previsto es que sin temor a equivocarme, el 60% de la información que se consume hoy en día es falsa, pero, ¿Qué contribuye a un nivel tan alarmante de este tipo de información?

Giovanni Sartori en su ya clásico libro *El homo videns,* nos señalaba el peligro cultural y social que significaba en aquellos años la televisión, los daños que iba a generar en el transcurso del tiempo y expuso ligeramente las posibles consecuencias del acceso de las computadoras y el internet; sin embargo, como ya sabemos, derivado del acelerado paso del tiempo, se quedó corto en su análisis y en las consecuencias que trató de predecir.

No podemos negar que tanto las computadoras como el internet han traído un sinfín de beneficios a la humanidad, por ejemplo, el acceso fácil y rápido a información que muchas veces solo se podía encontrar en las bibliotecas, de igual forma permite la sencilla comunicación de personas que viven en ciudades tremendamente alejadas, permite recorrer los grandes museos del mundo, facilita el acceso a música, películas y un gran número de beneficios adicionales.

Sin embargo, y dejando de lado las virtudes de dichos avances tecnológicos, la otra cara de la moneda resulta ser que cualquier sujeto con computadora, internet y el mínimo conocimiento en informática (o inclusive nulos conocimientos gracias a diversas plataformas que ofrecen dichos servicios y que prácticamente ya pueden ser operadas por niños) puede crear una página web, darle un diseño creíble, poner a volar su imaginación y poner al alcance de millones de personas información falsa.

Durante estos años hemos sido informados de las múltiples y variadas muertes de celebridades ("matando" hasta 10 veces a la misma persona), diferentes y terribles enfermedades, la extinción de muchísimas especies, guerras mundiales, meteoritos, catástrofes naturales, etc., siendo todo esto falso. Esto nos muestra la facilidad con que las falsas noticias o *fake news* inundan nuestra vida cotidiana, creando muchas veces pánico e histeria colectiva. Lo peor de todo es que muchos políticos, académicos y periodistas veteranos no son inmunes a esta plaga; es conocido como casi diario alguno de estos personajes replica la mentira creada y esparcida por algún gracioso sin quehacer, generando muchas veces reacciones de humor, pero las otras (cómo en esta época de pandemia) genera temor y caos, o en otras ocasiones sirve de golpeteo político para la derrotada oposición del régimen en turno.

Otro lamentable fenómeno de esta época de sobre abundancia de noticias, y más aún, de noticias falsas, son el gran número de "estudios científicos" que llevan a cabo universidades o departamentos de investigación de quien sabe que países o instituciones cuyos resultados son tremendamente ridículos. Como si se tratara de una nueva edad oscura, basta simple y sencillamente con conocer determinados hábitos o costumbres de las personas (las cuales sin duda comparten millones de seres humanos en el mundo) para determinar mágicamente el coeficiente intelectual, los patrones de conducta o ciertas características (¡hasta adivinan el futuro!) que solo un estudio verdaderamente científico, serio y minucioso podrían determinar. No cabe duda alguna estamos en una etapa de ciber-esoterismo.

Reflexionando detenidamente sobre el tema, existe algo que resulta más alarmante que los estudios "científicos" y noticias falsas; y es la capacidad que tienen las personas de creer dichas farsas. Esto es algo que no podemos perder de vista y que resulta fundamental, esto es así, porque si las personas no se sorprendieran y creyeran tan fácilmente esas mentiras, estas no serían replicadas y compartidas una y otra vez por un elevado número de personas y se podría evitar la proliferación de fake news en nuestros entornos digitales.

Nunca, bajo ningún régimen o circunstancia será algo bueno la censura de ninguna clase, sin embargo, considero esencial que los Estados, las instituciones educativas, científicas, los medios de comunicación, y las grandes redes sociales logren coordinación para evitar la proliferación de esas mentiras que cada día se generan en mayor volumen. Es bien sabido que estas han generado miedo, caos, han cobrado vidas e incluso algunas han generado reacciones de diversa clase en los mercados, por eso mismo es necesario el control de las fake news antes de que dichos efectos se generen a gran escala y los daños sean aún mayores.

Sin embargo, que dicha solicitud para controlar y filtrar la calidad de la información en la red, no se entienda en el sentido de querer controlar la red *per se*. Poder controlar la red en todo su ámbito y consecuencias, podría generar resultados mayores, más aterradores, eficaces y de mayor alcance que por ejemplo, la propaganda nazi. Tan temible es siquiera imaginarlo.

<h1 style="text-align:center">V.   Educación y cultura.</h1>

Desde el inicio, y a lo largo de la historia de la humanidad han existido grandes logros culturales. Tenemos los magníficos vestigios egipcios, chinos, mesoamericanos; el nacimiento de la civilización en Grecia, el perfeccionamiento de la cosa pública en Roma; la escolástica, el arte católico, el renacimiento, las revoluciones del siglo XVIII… todo sin duda alguna memorable y representativo de la grandeza de nuestra especie.

Nuestro país no es la excepción a dichos logros. Un recorrido en nuestra historia nos muestra a los grandes poetas y arquitectos indígenas de la época previa a la conquista, los relatores y cronistas españoles de esa parte de nuestra historia, los escritores sublimes de la Colonia, los ideólogos, periodistas, músicos, escritores y poetas del México independiente, así como los literatos de la Revolución, hasta llegar a los magnánimos miembros del Ateneo de la Juventud, los Siete Sabios de México, los, contemporáneos, nuestros representantes del *boom latinoamericano*, y así podemos seguir enlistando grandes próceres de nuestra cultura hasta el día de hoy.

Lo anterior es en cuanto a la literatura, pero de igual forma, no podemos olvidar a nuestros titanes de la pintura (y en especial a los grandes muralistas) como los Velasco, los Herrán, los Rivera, Orozco, Siqueiros, Kahlo, O ′Gorman, Tamayo… ¿Música? nuestra patria ha dado grandes artistas que se siguen escuchando hasta el día de hoy en México y en muchos países más, como por ejemplo Moncayo, Agustín Lara, Revueltas, Pedro Infante, Pedro Vargas, Jorge Negrete, José Alfredo, Antonio Aguilar, etc., y lamentablemente tenemos que parar de contar. Nuestro país dejó de dar hace mucho tiempo artistas de calidad, y en todo caso, son los menos.

Hoy en día el mundo no ha producido los grandes titanes culturales, literarios o musicales del pasado, a pesar de que el mundo sigue siendo (aunque no sabemos por cuánto tiempo más), un lugar maravilloso. Los países han ido recortando año tras año los presupuestos destinados a apoyar la cultura, pero con esto me refiero a cultura de calidad, ya que en temas culturales cuenta mucho más la calidad que la cantidad.

No faltará quien trate de echarme en cara que en nuestro país y en el mundo se celebran un gran número de puestas teatrales, conciertos, producciones cinematográficas o publicaciones de tan diversos temas y autores, sin embargo la pregunta es, ¿Dichos productos culturales son, cuando menos, aceptables?

En nuestro país, y mayor aún en la Ciudad de México, nadie puede negar que existen un gran número de teatros y una vasta oferta de obras, sin embargo también es fácil ver que la mayoría de ellas, están protagonizadas por los mismos actores que diariamente se presentan en las pantallas de los televisores interpretando dramas basura; no podemos ignorar que aunque existen producciones de calidad (siendo las menos), la mayoría tienen un contenido humorístico y simplón, hasta se puede afirmar que lamentablemente muchas de ellas hacen recordar el cine de ficheras de décadas pasadas, ya que su contenido y temas no son muy profundos intelectualmente hablando, son lisa y llanamente de un humor burdo y hasta vulgar.

Respecto de la música no se puede decir algo radicalmente diferente. En este punto quiero aclarar que se respeta el tipo de música que pueda llegar a escuchar cada persona, sin embargo esto no quiere decir que el respetar a los gustos musicales de las personas implique el equiparar dichos gustos con calidad.

Aunque se sigue tocando la música representativa de varias partes de nuestro país (banda, mariachi, norteño) la calidad de la letra ha disminuido. Aunque seguimos escribiendo y cantando por ejemplo, sobre amor, no es lo mismo cantarle a la amada que a la amante, no es lo mismo cantar sobre copas o vino que cantar sobre "pisto". Mención aparte merece el tema de los corridos.

Mentiría la persona que diga que antes los corridos no existían; siempre han existido. Sin embargo la pequeña gran diferencia radica igual y lamentablemente en la letra. Nuestros corridos siempre han hablado de lucha, muerte, mujeres y vicios, sin embargo nunca habían sido tan explícitos como hoy. Siguiendo el hilo del párrafo anterior, no es lo mismo hablar de la muerte en un duelo, que hablar de la muerte a través de "la bazuca en la nuca" o las cabezas cortadas.

El éxito comercial de determinados géneros y sus letras, ha llevado al profundo olvido a otros muchos géneros que igual representan la esencia de diversas regiones de nuestro país, por ejemplo el danzón, el bolero o la marimba, géneros que sin duda alguna vale la pena preservar al representar patrimonio cultural de nuestro país; lo que se requiere para dicha música, son programas culturales, no de preservación, porque dicha música aún no está en riesgo, pero sí de difusión, para ponerla en los oídos del público.

Por otro lado, nos topamos y golpeamos de frente con una de las más grandes ironías de nuestra juventud: el reggaetón, ¿Por qué? Porque en una generación que se considera culta, avanzada, preparada, y que cree luchar por <u>causas muy especificas y **justas** como la feminista,</u> se encuentra atrapada en una vorágine consumista de este tipo de música, la cual reduce toda experiencia humana únicamente al sexo, y reduce a la mujer a un simple objeto sexual, sin que las representantes de dicha ideología en particular, y las mujeres en general, hagan un manifiesto contra sus exponentes y sus letras, haciendo todo lo contrario: terminada la marcha por los derechos y colgando los pañuelos y las pinturas en aerosol, bailan y cantan dichas canciones, olvidándose de la causa por la que destrozan otro tanto del patrimonio cultural de la nación.

Sin embargo, la música como la historia se desenvuelven no de una manera lineal, sino más bien cíclica, lo que nos dice que si en determinado momento la producción musical no es buena, en determinado momento la industria corregirá el rumbo.

Aunque panorama actual de la cultura sin duda resulta desolador, siempre hay esperanza.

Dentro de otros ámbitos primordiales de la cultura me gustaría lanzar una pregunta: ¿Cuándo fue la última vez que en el mundo se escribió un libro tan impactante que haya generado un cambio político, económico, cultural o jurídico? No hablo de un best seller ya que estos surgen todos los días aunque su temática no resulte para nada relevante en el mundo de las letras. Me refiero a un libro tan importante como El Príncipe o el Principito cada uno en sus respectivos ámbitos; sin duda ha pasado mucho tiempo.

El mundo no ha dado nuevamente una generación de escritores que con sus ideas nos lleven a plantearnos un nuevo modelo económico, buscar nuevas formas de organizaciones estatales, o nuevas estructuras jurídicas; prácticamente todo se ha reducido a novelas de mediana calidad, libros de superación personal, y de temas de negocios. Muy lejos han quedado ya aquellos gigantes que en diferentes áreas del conocimiento marcaron un antes y un después con sus textos.

La cultura se enfrenta a dos graves problemas de los cuales no se observa voluntad política alguna para resolverlos; el primero de ellos es el provincianismo cultural. No dudamos que sigan creándose en el mundo libros, música, teatro, esculturas, pinturas de una altísima calidad, sin embargo el alcance de dichas creaciones es limitado, ya que muchas veces el conocimiento de dichas obras, a pesar de su gran calidad, no sobrepasa el país donde nacieron o llegan como máximo el continente donde se encuentra su creador. No es común conocer en México, por ejemplo, creaciones culturales de calidad, nacidas en Rusia, Australia, Bosnia, Costa de Marfil, etc.

Lo anterior resulta tremendamente irónico si tomamos en cuenta que el mundo se encuentra sumamente conectado gracias a la tecnología, ya que con un simple clic, podemos acceder a un gran número de productos culturales; los tenemos literalmente en la palma de la mano y no los aprovechamos, y lo que es peor, ni siquiera notamos su existencia, entonces surge la interrogante ¿Además del provincianismo cultural, nos enfrentamos a un interés global por la cultura? Dejo al lector la respuesta a esta pregunta.

El segundo problema al que se enfrenta la industria cultural, es el relativo al consumismo y la mercadotecnia. No resulta igual de atractivo para las masas un concierto de música clásica aunque sea de una de las grandes filarmónicas del mundo interpretando a Bach o Mozart, que un concierto de jovencitos asiáticos que muchas veces su único talento es su apariencia física y sus pasos de baile. Más allá de las diferencias en los tipos de música, el primero de los géneros señalados no es relevante para generar noticias y expectación entre las masas, sencillamente "no vende"; no vemos la misma cantidad de gente haciendo fila y esperando el lanzamiento de un violín o un piano, soportando calor o lluvia durante horas, que la cantidad de gente que se abalanza a las tiendas esperando una nueva línea de ropa o boletos para el concierto de sus "músicos" favoritos.

Lamentablemente la calidad del arte y la cultura no resulta un producto atractivo para el mercado masivo.

La falta de interés en temas culturales y artísticos, así como la calidad de los mismos, además de ser un problema relacionado a que la calidad cultural no va de la mano con los intereses del mercado y de las masas, y de que los Estados no destinan fondos, recursos e instrumentos suficientes para dichas áreas, tiene un origen mayor y más trágico: la deficiencia en la educación.

Theodor W. Adorno, uno de los grandes filósofos alemanes del siglo pasado, en una conferencia titulada *"la educación después de Auschwitz"* que se ha convertido ya en un clásico, señalaba la necesidad de que la educación jugara un papel relevante en el desarrollo del mundo, tanto así como para evitar que un horror como el ocurrido en Auschwitz se repitiera; y sin embargo la historia nos ha mostrado que hemos fallado en cumplir con la valida y valiosa aspiración del filósofo alemán.

La primera falla que ha tenido la educación en los últimos 70 años es la pérdida de la disciplina. Con el paso del tiempo y el normal cambio generacional, el umbral de los estudiantes para la tolerancia a presión sin duda alguna se ha relajado. Ya no aguanta el mismo nivel de presión académica un estudiante de hoy, que el que aguantaba un estudiante aún hace 35 años atrás; pero esto no significa que deba existir en la escuela una disciplina sumamente rígida, la disciplina debe ser lo suficientemente equilibrada para formar buenos estudiantes, ciudadanos y profesionistas, ya que si uno busca disciplina militar, lo mejor sería mandar a sus hijos a una escuela de esa naturaleza.

Como ya mencionamos anteriormente, los padres no están dispuestos a tolerar que sus hijos pasen ni la menor de las incomodidades, por lo que al ver que sus vástagos comienzan a sentirse agobiados por sus tareas escolares sueltan frases tan tóxicas como *"hijo, no pasa nada, una calificación no define quien eres ni tampoco tu inteligencia"*, generando un daño tan grave, ya que con esto le enseñamos al estudiante que no vale la pena esforzarse en sus estudios y en general a nada en la vida, ya que sea cual sea la calificación o el resultado que obtenga, siempre será especial e inteligente sin el menor esfuerzo y trabajo; y lo será por el simple hecho de ser él y nada más.

Lejos quedaron ya los tiempos en que el maestro podría imponer disciplina en su aula para evitar que su pequeño rebaño se descarriara; en la actualidad, el profesor que se atreva siquiera a mirar feo a un estudiante, además de generar un trauma en el alumno, que este se queje con los padres y tenga que ir a "terapia", el profesor se enfrentará además a la reprimenda de sus superiores, a un riesgo de despido, y, según se clasifique la falta que haya cometido, podría enfrentar consecuencias legales importantes.

Resulta ridículo que a pesar de que los padres hoy en día no toleren que el maestro imponga la menor de las disciplinas en sus hijos, aquellos si esperen que los profesores (más aún en los niveles educativos básicos) subsanen todas las deficiencias que ellos como padres cometen en el hogar. No podemos olvidar que desde el momento en que el hombre comenzó a relacionarse con otros miembros de su especie, la familia resultó ser la parte fundamental de la sociedad, y después como la unidad primaria del Estado, donde se da a los infantes la primera instrucción y la enseñanza de los valores, por lo que si el padre falla en su tarea esencial, no podremos esperar en muchos de los casos, el surgimiento de ciudadanos responsables.

La escuela siempre resulta ser un caldo de cultivo con resultado incierto, donde los niños de diferentes costumbres y valores se mezclan y donde indudablemente los "malos" pueden influenciar a los "buenos" y viceversa, por lo que resulta indispensable que los padres en el hogar, además de proveer la primera educación, mantengan una observación constante en el comportamiento de sus hijos, detectando cambios en sus comportamientos, y puedan tomar las acciones conducentes, no esperando que sea el profesor quien tome dichas medidas, ya que además de resultar poco práctico por el número de menores que atiende, no es responsabilidad de los maestros. No podemos permitir que los padres descarguen sus obligaciones en los maestros, estos deben ocuparse únicamente en enseñar a nuestros niños, no de criarlos. Esto no significa dejar a los niños a su suerte en caso de vivir con padres o familiares irresponsables, pero la tarea en estos casos del maestro, debe limitarse a canalizar a esos pequeños con las instancias correspondientes y adecuadas que puedan ayudarlos.

Otro de los grandes retos que enfrenta nuestro sistema educativo es la falta de vocación de muchos de los maestros que tenemos en las aulas. Lejos han quedado aquellos profesores apasionados de su profesión que cruzaban cielo, mar y tierra, aun arriesgando la vida, para llegar a los rincones más alejados del país para instruir a niños y adultos; es lamentable ver como nuestra historia educativa a olvidado los grandes retos y los grandes avances que tuvieron las brigadas culturales impulsadas por el Maestro Vasconcelos en la naciente Secretaría de Educación Pública.

Aquellos profesores que tuvieron un comportamiento casi apostólico en su tarea educativa y que fueron muy valiosos en la consolidación del México postrevolucionario ya no existen; hoy encontramos en gran medida, maestros cuya finalidad es integrarse al sistema educativo por la seguridad económica, estabilidad y comodidad del empleo, por el gran número de días que se les otorgan de vacaciones con un buen pago, por la protección del régimen sindical (uno de los más poderosos y numerosos del continente), y porque a pesar de varias reformas legales que han modificado los beneficios del magisterio, las prestaciones laborales y de seguridad social a las que tienen acceso siguen siendo atractivas.

Adiós al maestro comprometido con la educación, con el Estado y con la niñez, hoy tenemos muchísimos profesores que solo buscan su beneficio laboral sin importarles lo relevante de su tarea; peor aún, muchos de esos profesores ni siquiera se presentan a las aulas ya que se enfrascan en cargos y funciones meramente sindicales olvidándose de su tarea educativa. Sin embargo, existe algo aún peor que lo señalado en estas líneas, y que resulta mucho más lamentable y perjudicial para la educación de nuestros niños: un gran número de "maestros" utilizan su lugar en el magisterio para buscar cargos políticos.

Derivado de lo anterior, una de las grandes tareas del Estado es crear instituciones que detecten entre el gran número de aspirantes a las plazas de maestros, a aquellos que verdaderamente tengan una vocación de enseñar, mejorar su salario y prestaciones y evitar que el gran número de miembros del magisterio se conviertan únicamente en funcionarios sindicales o en rehenes de los partidos políticos, ya que como es bien sabido y está muy bien documentado, la participación activa de los maestros ha sido decisiva en las últimas tres elecciones presidenciales.

Ya entrados en el tema de la relación entre el Estado y la educación, no debemos olvidar que el Estado ha jugado un papel determinante en la decadencia de nuestro sistema educativo, ya que si bien es cierto que los países deben preparar a sus ciudadanos en las áreas que mejor contribuyan al desarrollo tanto del individuo como de la nación, esto se ha confundido en el sentido de que la educación se ha limitado a arrojar al mundo muchas generaciones de "profesionistas" cuya única finalidad es la de convertirse mano de obra calificada y barata para la industria.

Se han eliminado o disminuido de los programas educativos materias tan importantes como la filosofía, la lógica, la historia, el civismos, entre muchas más, asignaturas que servían para formar un espíritu crítico y reflexivo en nuestros jóvenes, así como la adopción de valores patrióticos; en perjuicio de lo anterior, se ha priorizado una formación más técnica e industrial, para que cuando los estudiantes egresen, se integren a un mundo laboral, y sean útiles para un fin o rama industrial especifica y no tengan la suficiente capacidad crítica para evaluar su entorno social, laboral, cultural y profesional.

Lo anterior esconde además una terrible farsa, ya que si además de preparar a los estudiantes para convertirse en simples técnicos para un trabajo especifico, su preparación se complementara con asignaturas relacionadas con cultura empresarial, formación de negocios o emprendimiento, podríamos decir que se les otorgan herramientas adicionales para su desarrollo profesional. Pero como esto lamentablemente nunca ocurre, desde hace cuarenta años y hasta el día de hoy, nuestro sistema educativo en complicidad con el Estado, el Magisterio y el poder económico solo entregan a la sociedad un sinnúmero de *preparados obreros acríticos.*

No es secreto que nuestros niños y jóvenes no tienen los más básicos conocimientos de historia en general, de historia patria o de civismo, pregunten sobre algún tema de estos a cualquier joven y no podrá responder o responderá erróneamente. Esto podría ser perdonado si pudiéramos tener la certeza que el modelo educativo que prioriza la educación técnica funciona, pero hasta en eso hemos fallado. Las nuevas generaciones, además de no saber leer o escribir correctamente, tampoco saben sumar, restar o multiplicar, lo que se supone es la base del tipo de educación que se ha impuesto en el país. Hemos fallado.

Desde el principio de los tiempos, el Ser Humano se ha agrupado con otros miembros de su especie para sobrevivir, apoyarse mutuamente y facilitar la consecución de sus fines comunes. Pero dicha unión no puede prosperar, si además de compartir la comunidad de fines, no se comparte cuando menos una determinada base mínima de ideas. Sin embargo, existen y surgen tantas ideas diferentes como personas en el mundo, lo que necesariamente conlleva a la formación de varios grupos de personas con fines e ideas comunes entre sus integrantes, pero con ideas y fines distintos entre los diversos grupos existentes.

De lo anterior, algo que resulta peligroso, es la modificación de los fines trazados por dichos grupos en relación con las ideas concebidas o adquiridas, esto, porque fines como la felicidad o la supervivencia se distorsionan a través de las ideas; ya que no es lo mismo buscar sobrevivir como fin natural del Hombre, a buscar sobrevivir a través de la idea de la supervivencia del más fuerte. Los medios para la consecución de los fines se vuelven más despiadados y por ende, peligrosos para quienes no comulgan con los mismos, naciendo así las diferentes ideologías.

El problema en sí mismo no es que la consecución de los fines se lleva a cabo de conformidad con las determinadas ideas o ideologías de un grupo en particular, ya que muchas de esas ideas que surgieron a través de los siglos y fueron dadas a conocer por diferentes grupos ideológicos, generaron un sinfín de logros y beneficios para nuestra especie; sin embargo el grave problema es que dichas ideas se radicalicen, lo que conllevará necesariamente a que los medios para realizar las ideas y conseguir dichos fines también serán más radicales, y como ya señalamos, más peligrosos para los disidentes.

A lo largo de la historia, las posturas radicales han generado más problemas (y mucho más fuertes) que los que han resuelto. La radicalización de las enseñanzas de la Iglesia Católica generó los abusos de la Inquisición, así como el cisma entre las Iglesias Orientales y Occidentales primero, y la Reforma Luterana después; la exageración de las ideas comunistas generaron un gran número de consecuencias negativas en materia económica en la Rusia soviética, además de un gran número de asesinatos políticos por las purgas de Stalin, lo que llevó al derrumbamiento de dicho Estado a finales del siglo pasado; el antisemitismo condujo al sufrimiento y casi exterminio de los judíos en Europa por los nazis, lo que generó su reivindicación y la posterior creación del Estado de Israel (consecuencia que aún al día de hoy unos consideran buena, y otros tantos como mala).

Como podemos ver, las ideas desde la radicalidad aunque muchas veces resultaron buenas para el Hombre, no significa que nos llevaran necesariamente a un resultado positivo, sin embargo, y a pesar de que la historia nos muestra lo equivocado que resulta apostar y defender a capa y espada una idea que se ha vuelto extremadamente radical, hoy en día lo seguimos haciendo.

Es muy común ver en la actualidad, diferentes debates entre personas que se denominan de "derecha" contra los de "izquierda" sin que ellos mismos logren entender muy bien en qué consisten ambas posturas (muchas veces no conocen siquiera el origen de los términos, que viene del lugar donde se sentaban los participantes de las Asambleas revolucionarias francesas).

De igual forma, vemos en todos lados enconadas pugnas entre posturas irreconciliables como "machistas" contra "feministas" "reguetoneros" contra "rockeros", aficionados de equipos deportivos rivales agrediéndose, y un largo etcétera de temas donde la sociedad se polariza y se generan conflictos derivados de sus respectivas posturas ideológicas; sin embargo, lo que las personas no comprenden hasta el día de hoy, es que sin importar de qué lado están sus ideas, o a qué grupo creen pertenecer, lo que verdaderamente debemos buscar todos es el bien común.

No le importa al mundo exterior tu ideología política o económica, ni tus gustos musicales, tus creencias religiosas o tus preferencias sexuales, todo esto debes guardarlo para tus reflexiones internas, y si en algún momento quisieras polemizar respecto de dichos temas está bien que lo hagas, siempre en el respeto irrestricto a las ideas del otro. Lo que no debes olvidar es qué lo que verdaderamente le importa al mundo son las acciones que generen un cambio positivo, porque una idea llevada a la acción es lo que en realidad cambia al mundo.

Las buenas acciones son las que logran un cambio en el mundo, no una idea radicalizada (las ideas que generen buenos resultados son las que valen la pena rescatar y llevar a la acción), ya que de nada sirve platicar, pelear o hasta matar para saber si la izquierda o la derecha tienen razón, si no haces nada que pueda hacer del mundo un lugar mejor para vivir.

De nada sirven los discursos contra el calentamiento global o la palabrería en beneficio del medioambiente si no se contribuye a disminuir la contaminación, a reforestar los ecosistemas o a evitar la desaparición de especies; tampoco funciona que vayas a las marchas a apoyar a las mujeres, si en casa eres un agresor, o como patrón las acosas o les pagas menos. El mundo cambia cuando actuamos más de lo que hablamos o escribimos al respecto.

Ha llegado la hora, en primer lugar, de dejar de lado la polarización social derivada de la confrontación de las ideologías para poder entender qué, más allá de todo aquello que nos hace diferentes, tenemos algo en común que nos debe unir, y esto es, el futuro de nuestra especie. De nada sirve pertenecer a algún grupo o defender alguna idea, si al final de cuentas no tenemos la capacidad de hacer valer lo que nos une para evitar un final próximo y doloroso para el Ser Humano.

En segundo lugar, debemos pasar de las palabras a la acción, a una acción que verdaderamente valga la pena para poder corregir el rumbo y salvar al mundo, ya que de nada va a servir luchar por preservar las diferentes ideologías, si no existirá un mundo donde se pretenda hacerlas realidad.

Todos y cada uno de nosotros debe trabajar desde su ámbito de acción, y en la medida de sus posibilidades, para hacer de este mundo, el mejor de los mundos posibles, pero no solo para el Ser Humano, sino para todo Ser Vivo que habita este planeta, y más aún para nuestros descendientes, ya que como los "seres vivos más avanzados del planeta" tenemos un compromiso moral y ético para lograr la conservación de todos los ecosistemas y de los seres vivos que lo componen.

Es hora de actuar, estamos a tiempo para evitar agotar los pocos segundos que nos quedan disponibles en el reloj del fin del mundo.

VII.   Religión.

La idea de Dios ha acompañado ha acompañado al Hombre, desde el momento en que este adquirió consciencia de su existencia. El papel de Dios al principio de los tiempos se constreñía a servir como explicación de todos los fenómenos naturales y acontecimientos humanos que el Hombre no podría explicar, por lo que se vio en la necesidad de crear una fuerza superior con el fin de atribuirle el origen de dichos actos.

Conforme el tiempo fue pasando, en determinadas regiones la fuerza superior se transformó en grupos de fuerzas que fueron ordenadas por jerarquía, en conjuntos de dioses los cuales tenían diferentes atributos y regían a su voluntad la vida de los hombres; en otras latitudes la fuerza originaria se convirtió en un Dios único, objeto de veneración incondicional, y que otorgaba a sus creyentes, preceptos religiosos más enfocados a cuestiones morales que naturales. Así tenemos la primera diferenciación religiosa importante, entre religiones politeístas (Grecia, Roma y las culturas orientales por ejemplo) y la religión monoteísta (judaísmo).

Conforme la humanidad y sus ideas religiosas se fueron desarrollando, ocurrieron tres fenómenos importantes que afectaron las religiones en el mundo: muchos de los acontecimientos en el mundo empezaron a ser explicados por el Hombre a través del conocimiento, por lo que Dios dejó de ser el origen de muchos sucesos; el desarrollo intelectual de la humanidad, creó complejos elementos religiosos para seguir explicando los acontecimientos que aún escapaban al conocimiento científico; y por último, la defensa de la concepción religiosa que cada pueblo tuviera, generó conflictos con otros pueblos de confesiones diferentes por la confrontación de sus concepciones de Dios, generando por ello cruentas guerras de religión.

Cada una de las tres grandes religiones en el mundo cuentan con un cuerpo normativo, un texto sagrado que sienta las bases para el comportamiento de sus fieles, y que establece además el sistema de recompensas a que pueden acceder dichos fieles en caso de acatar ciegamente las directrices de su Deidad. No es objeto del presente trabajo dilucidar el origen de esos textos sagrados, sin embargo, la lógica señala que si el origen de dichos textos es divino, los seguidores de determinada religión tendrían que seguir sus disposiciones al pie de la letra sin realizar interpretaciones rebuscadas de dichas escrituras, porque la deidad correspondiente manifestó su voluntad y conocimiento a su pueblo, quien como destinatario de la norma no debería de valorar o interpretar dichas disposiciones, sino simplemente llevarlas a cabo.

Sin embargo, y como ya se mencionó, la evolución cultural, científica y filosófica en el mundo, generó que los líderes religiosos de manera colegiada con miembros de la jerarquía eclesiástica se reunieran periódicamente (concilios) para realizar ejercicios interpretativos de las escrituras (muchas veces acorde a los deseos del grupo en el poder) y matar dos pájaros de un tiro: igualar la religión en la medida de lo posible con el desarrollo de la razón, y explicar religiosamente aquellos puntos que la ciencia aún no había podido explicar.

Es evidente que las interpretaciones realizadas por un sector de los creyentes, no dejó para nada satisfechos a otros grupos, y, como ya se mencionó, la radicalización de las posturas religiosas, iba a generar conflictos entre dichos grupos ideológicamente antagónicos, que tenían una interpretación distinta de las disposiciones religiosas. El primero de los mencionados conflictos se suscito entre dos de las más grandes e importantes religiones monoteístas del mundo, y consistió en la escisión del cristianismo de la fe judía.

Uno de los fundamentos de la Fe Judía, un pueblo de gran tradición, es el anuncio profético que indica la espera y advenimiento de un Mesías, que conduciría a su pueblo a una época de prosperidad; sin embargo, los judíos no pudieron reconocer a uno de los suyos (Jesús) como el Mesías que estaba anunciado, por lo que quienes si vieron en él a su Salvador, se separaron del judaísmo e iniciaron su propio culto.

A partir de ese primer gran conflicto religioso, tenemos una historia de dos mil años de pugnas entre cristianos y judíos, la cual se ha visto envuelta en un sube y baja de poder y riqueza de los líderes y grupos de poder de cada religión; sin embargo, dicha pugna ha arrojado un saldo desfavorable para los judíos, ya que durante muchos siglos marcados por el auge de la Iglesia Católica, aquellos fueron perseguidos y asesinados por esta (dentro de este apartado no entra la masacre a la judería por parte del Régimen Nazi, ya que si bien se ha sospechado silencio o cooperación de los católicos, este capítulo de la historia judía es motivo de un estudio aparte).

Después de este primer evento relevante que dio origen a la religión cristiana como sujeto separado de lo Judío, vinieron una serie de inconvenientes que cimbraron a la naciente cristiandad, siendo el más importante de ellos, el de su supervivencia. Esto fue así, ya que dichas creencias se consideraban un culto ilegal dentro del Imperio Romano, por lo que después de grandes trabajos y esfuerzos para lograr sobrevivir, dicha religión alcanzó un crecimiento tan importante que se convirtió en la religión oficial de dicho Imperio.

Después de asegurar su existencia, el catolicismo se enfrentó a diversos problemas, siendo los primeros de ellos de naturaleza interna. Una fortalecida Iglesia Católica se enfrentó en un primer momento a un golpe que casi la destruye, el cual fue la división de la cristiandad entre las Iglesias Orientales y el Primado del Obispo de Roma; posteriormente el golpe vino de la separación de la Iglesia de Inglaterra respecto de la Iglesia de Roma por motivos meramente políticos; y por último, la separación de un gran número de cristianos derivados de la reforma luterana.

El origen de los primeros conflictos señalados en el párrafo anterior, fue de naturaleza teológica. Esto fue así, porque durante los primeros siglos del cristianismo, comenzaron a surgir diferentes interpretaciones sobre la naturaleza y la esencia de Dios y de su iglesia; ejemplo de ello fue el conflicto derivado de la redacción del credo cristiano, ya que se generó un encendido debate en el sentido de considerar si los tres componentes de lo que denominan Trinidad, tienen un mismo origen y sustancia, tema que no logró consenso entre los representantes de las diversas iglesias cristianas, lo que desencadenó el cisma entre oriente y occidente que persiste hasta el día de hoy.

La separación de la Iglesia de Inglaterra, y los efectos generados por la Reforma Luterana tuvieron un origen netamente político, ya que de las decisiones de los jerarcas de la Iglesia Católica de no conceder el divorcio a Enrique VIII, y del pésimo manejo político, religioso y económico de dicha institución se generaron los movimientos cuyo resultado fue una fuga masiva de creyentes, ya que durante siglos anteriores, la Iglesia se había sumergido en un proceso de descomposición moral (ejemplo de esto es el periodo conocido por los católicos como *pornocracia*), que fue generando una serie de movimientos en aras de la renovación moral y doctrinal del ministerio petrino y de toda la Iglesia.

Lo anterior fue en el ámbito interno, ahora veamos que ocurrió en el ámbito externo del catolicismo. Además de la masacre a los judíos, la Iglesia se enfrascó en muchas batallas contra la Fe musulmana, con el pretexto de recuperar los territorios donde se desarrollaron los eventos más importantes en la historia del cristianismo, siendo dichas batallas lo que hoy conocemos como las Cruzadas. El resultado de dichos conflictos resultó ambivalente, ya que si bien no se puede negar que recuperaron determinados territorios y reliquias, también es cierto que dichas incursiones generaron un poderoso contraataque musulmán, llevando a los pueblos practicantes de dicha religión a apostarse en las puertas de Europa Oriental, conquistar importantes territorios, y posteriormente terminar con el Imperio romano de Oriente.

No entraré en el desarrollo y las consecuencias políticas e históricas de dichos episodios, ya que también eso es motivo de un extenso trabajo cuya temática es diferente a la que pretendo abordar en el presente trabajo; sin embargo vale la pena preguntarnos ¿Porqué surgieron dichos conflictos que a la luz de hoy parece que se pudieron haber evitado?

La Iglesia en el transcurso de más de dos mil años de historia, fue transformándose de un culto religioso que debía seguir las enseñanzas de un Dios Humano que predicaba el amor, a un instituto político y financiero, ya que no podemos perder de vista que El Vaticano es un Estado Soberano (resultado de unas negociaciones para reducir el número de mini Estados que estaban en poder católico, conocidos como Estados Pontificios), además de ser dueño de un Banco que es de los más fuertes e importantes a nivel mundial; olvidándose que es una institución de Hombres y para los Hombres con el deber de conducirlos a la vida eterna.

Una Iglesia consciente de su papel en la humanidad y que comprendiera que su finalidad es ayudar a las personas a alcanzar la salvación de su alma, hubiera sido capaz de hacer diversas concesiones doctrinales a los pueblos y a los Estados en aras de conservar la unidad de los cristianos. En este punto es trascendental destacar que dichas concesiones dogmaticas pudieron realizarse sin contravenir el espíritu del texto sagrado del cristianismo, precisamente porque muchos de los dogmas, enseñanzas y doctrinas establecidos por la Iglesia y sus órganos de autoridad, resultan ser más que principios que no pudieron ser extraídos del libro sagrado de esa religión, ya que no encuentran un sustento siquiera literal en el mismo.

Temas como el aborto, la homosexualidad, el divorcio, el celibato, la eutanasia, la canonización, la esencia de la Trinidad, el limbo y muchos temas más, sin duda alguna controvertidos entre las diferentes Iglesias Cristianas, no encuentran sustento claro dentro de la Biblia, por lo que han tenido que "inferirse por encargo divino" de dicho texto a lo largo de los siglos, por lo que una comunión de las diversas interpretaciones de los mismos, generadas entre las diversas comunidades cristianas del mundo, no iba a generar una violación de la Biblia, y en cambio, pudo preservar la unidad cristiana.

Ahora bien, si dicha apertura no se logró siglos atrás, este es el momento para hacerlo, en aras de lograr la unidad, y sobre todo el apoyo entre los cristianos, por lo que las diferentes iglesias emanadas del mismo Dios puedan volver a comulgar entre sí, y coadyuvar primero, a homologar los criterios de piedad y salvación entre sus fieles, y servir como bastión y ejemplo de orden entre sus feligreses para que estos puedan ser buenos ciudadanos de este mundo. El ecumenismo debe ser una tarea de primer orden para el Papa y los demás líderes religiosos de la cristiandad.

En lo que respecta a las otras dos grandes religiones del mundo, los judíos por un lado han ido a lo largo de los años, haciendo más rígidas sus costumbres y creencias religiosas; y por el otro, la práctica de dichas costumbres por parte de muchos de sus creyentes más jóvenes se ha ido relajando, al punto de que el mayor mérito de dicha religión en muchos lugares, es que la palabra judío es sinónimo de dinero (creencia que no es nueva en la historia, ya que los judíos por muchos años fueron los banqueros y financieros directos de muchos Estados Europeos).

Respecto de los musulmanes, también siguen el patrón de crear dogmas religiosos sin fundamento en el Corán, y de ir haciendo más rígidas sus prácticas religiosas. Este punto ha tenido efectos diferentes en relación a las otras religiones mencionadas en párrafos anteriores, ya que dichas prácticas los ha llevado a enfrascarse durante siglos en diferentes guerras de carácter religioso, lo que ha tenido como consecuencia que en la actualidad se estigmatice a sus creyentes como "extremistas religiosos" o "terroristas", teniendo esto consecuencias terribles en la vida de sus comunidades, al tener que enfrentarse a dificultades económicas y de seguridad derivadas de los ataques llevados a cabo por sus creyentes hacía diversos países más poderosos que los suyos.

Además de los errores señalados en párrafos anteriores, las tres grandes religiones se han enfrentado (en diferente medida) a una crisis que las ha llevado a minar el número de creyentes en sus templos: los casos de abuso sexual. Para no entrar en detalles respecto de este tema, al ser uno de los que polariza en su análisis, solo me gustaría señalar, que es necesario que tanto las autoridades civiles como eclesiásticas deben investigar tales casos, y castigar dura e inflexiblemente a los sacerdotes criminales.

Como podemos ver, las grandes religiones del mundo han cometido sendos errores a través de los siglos, lo cual ha llevado a minar su imagen así como su autoridad moral y eclesiástica ante los ojos de muchos creyentes, los cuales se han ido alejando de dichas iglesias cada vez en mayor número en los últimos años. Lo anterior ha generado que las religiones dejen de cumplir con una función social que venían cumpliendo aceptablemente desde sus inicios y hasta finales del siglo pasado: la inhibición social respecto del delito.

Durante siglos, muchos creyentes evitaron cometer delitos o conductas reprochables socialmente aunque no tuvieran la categoría de delitos, en virtud de que al estar dichas malas conductas equiparadas con los pecados, tenían miedo de ser objeto de las terribles represalias dc los órganos de castigo de la Iglesia, y peor aún, cerrarse con dichas conductas la entrada al paraíso.

Sin embargo, muchos de los cambios y factores que hemos señalado a lo largo del presente escrito, aunado con los errores de los representantes de las religiones, han hecho que la ciudadanía deje de confiar en ellas, y por lo tanto, dejen de servir como parámetros de conducta, y ya no teman a las represalias que sus conductas puedan generar después de la muerte.

Todo lo contrario; la Iglesia y sus figuras dejaron de ser objeto de temor de los criminales, ya que estos hoy en día son bastante creyentes de dichas instituciones, pero las interpretan en sentido contrario: claman por la protección a la hora de realizar sus actividades delictivas y les atribuyen parte del éxito de las mismas, en lugar de temer las consecuencias de dichas conductas que pueden considerarse pecaminosas en el sistema religioso al que consideran pertenecer.

No podemos predecir que le deparará el futuro a las distintas religiones, sin embargo no se ve un panorama alentador; pero ojo, si dichas instituciones han sobrevivido a tantos acontecimientos en el correr de los siglos, no creo que el futuro traiga como consecuencia su desaparición, lo que si espero, es que dicho futuro traiga su fortalecimiento, ya que es parte de la naturaleza humana creer en algo superior, y que esta entidad nos ayudará en los momentos más oscuros, siempre con la esperanza de la vida eterna.

Todo lo expuesto a través de los capítulos anteriores nos muestra que la sociedad ha ido cambiando en su pensamiento y en sus estructuras morales y sociales no precisamente para su bien. Lo único que queda ya como esperanza para corregir el rumbo de nuestra sociedad, es la actuación que tenga el Estado amparado y en estricta aplicación del sistema jurídico. En las páginas siguientes haremos un pequeño análisis respecto del Derecho y el Estado Mexicano.

VIII. Derecho.

Durante siglos, se han enfrentado dos sistemas de pensamiento jurídico de un fuerte arraigo en el ámbito jurídico general, y en el plano de la filosofía del derecho en particular; hablamos del positivismo y el naturalismo jurídico en un primer momento, y a finales del siglo XIX y principios del siglo XX, entra al panorama iusfilosófico un nuevo modelo epistemológico siendo este el realismo jurídico, originado dentro de la tradición jurídica anglosajona. Las tres corrientes del pensamiento jurídico se presentan al estudiante de Derecho cuando inicia su preparación profesional y se le dice que cada sistema es excluyente entre sí. ¿Es correcta dicha afirmación?

Sin embargo, dichas escuelas no son totalmente antagónicas e irreconciliables, por ejemplo, debemos recordar que un buen conocimiento de la Teoría General del Derecho nos muestra que el *Iusnaturalismo* cree en la existencia de un dualismo entre el derecho natural y el derecho positivo, donde se le da una preeminencia al primero sobre el segundo, ya que, si el Derecho Positivo no contiene un mínimo contenido del natural, no podría ser válido.

Trataremos de definir las tres teorías anteriormente mencionadas a través del conocimiento que nos ha dado la Teoría General del Derecho, empezando por el naturalismo jurídico, el cual podría definirse según Norberto Bobbio (2007) como *"el pensamiento jurídico que concibe que la ley, para que sea tal, debe ser conforme a la justicia"*; o que *"es aquella teoría que considera poder establecer lo que es justo e injusto de modo universalmente valido"*.

Respecto del positivismo jurídico Rafael Sánchez Vázquez (2008) que *"el positivismo jurídico se desliga de la existencia acerca de los valores o validez, ya que, su atención se centrará estrictamente a los hechos y a su legalidad empíricamente observable"*.

Por último, del *Iusrealimo* el maestro Bobbio (2007) dice que *"se entiende en la realidad social en que el derecho se forma y se transforma, y en el comportamiento de los hombres que con su actuación hacen o deshacen las reglas de conducta que los gobiernan"*.

Quiero recalcar que las definiciones citadas en líneas anteriores corresponden al objeto de estudio de las tres corrientes epistemológicas, el cual consiste en conjuntos normativos, por lo cual, no se debe de confundir el naturalismo jurídico con el derecho natural, ni el positivismo jurídico con el derecho positivo, pues estos últimos son conjuntos de normas que rigen la conducta del Hombre; en otras palabras, el Positivismo Jurídico es una corriente epistemológica que se encarga de estudiar las normas que componen al Derecho Positivo; se trata según la teoría del lenguaje, de un metalenguaje que estudia un lenguaje objeto.

Tomando en cuenta las definiciones dadas de cada sistema normativo a la luz de las corrientes epistemológicas que los estudian, considero que dichas corrientes jurídico-filosóficas no deben considerarse sin puntos de contacto en común; al contrario, la experiencia nos muestra que dichos puntos existen en la aplicación diaria del Derecho. Algunos pensadores durante muchísimos años han considerado tales corrientes como totalmente contrarias y excluyentes entre sí, lo cual, al tenor de las ideas señaladas en apartados anteriores de este trabajo, resulta comprensible, ya que el campo de las ciencias sociales no escapa a los matices ideológicos que pudiera tener cada uno de los exponentes de dichas teorías.

Propongo el siguiente esquema para soportar la idea de los puntos de contacto de los sistemas normativos:

Dentro del primer círculo se encuentra el Derecho Natural, considerando como tal, aquellas normas que la sociedad considera que fueron dadas por un Ente Divino. Estas normas obligatorias de origen religioso influyen de manera muy fuerte en la realidad social, ya que se encuentran dentro de la sociedad desde el momento en que la idea de Dios fue creada, y se han transmitido entre varias generaciones, por lo que resulta obvio que el comportamiento social se verá regido en determinados ámbitos por las normas confesionales.

Ahora bien, al tener claro que los actos de la sociedad, que conforman el día a día de los Hombres se encuentran determinados por un contenido religioso (aunque también por diferentes áreas, por ejemplo, la economía), es evidente que los preceptos religiosos materializados a través de la sociedad van a influir necesariamente en la creación de las normas de Derecho Positivo.

Lo anterior resulta aplicable, porque muchas personas influidas por determinadas ideologías políticas, religiosas o económicas llegan al Congreso que es el lugar donde en los sistemas democráticos se forman las leyes, por lo que es obvio que las normas jurídicas creadas por ellos tienen una carga ideológica.

Sin embargo, no se puede negar que el modelo de los puntos de contacto de las teorías jurídicas, puede generar determinados problemas como el que se muestra a continuación.

Este último esquema puede explicar lo que sucede en una sociedad como la mexicana y que hemos remarcado a lo largo del presente documento: una sociedad con una fuerte tradición religiosa, mal preparada en un gran segmento de su población, con nuevas generaciones arrogantes y medios de comunicación deficientes, van a generar la creación exagerada de leyes por parte de nuestros legisladores con la finalidad de regir cada aspecto de la vida. En lo personal creo acertado el adagio que reza que una buena sociedad es la que menos leyes necesita; lamentablemente y conforme a lo señalado en el presente trabajo, no se puede aplicar dicha oración para nuestro país.

De lo expuesto en los párrafos anteriores, resulta evidente que tanto en la creación como en la aplicación del Derecho, el elemento más importante es el social, ya que por más que existen normas de Derecho Natural, estas quedarían como meros enunciados morales o religiosos sin aplicación alguna si la sociedad no existiera; y el Derecho positivo no existiría sin la parte social que influyera en su creación y que además es el destinatario de este. Lo que nos lleva a concluir que, dentro de las tres grandes corrientes del pensamiento jurídico, el Realismo es quien debe ser objeto de un estudio más minucioso por parte de los teóricos del Derecho por su gran trascendencia.

Para ejemplificarlo de una mejor manera, podemos decir que tenemos la materia prima (el Derecho Natural), que se toma e introduce en una maquina que trabajará con dicha materia, procesándola (realidad social) para obtener un nuevo producto (Derecho Positivo). Con este ejemplo resulta aún más clara la importancia del realismo jurídico, importancia que se ve coronada al final del proceso de aplicación del derecho, ya que quien aplica las normas al caso concreto es el Juzgador, punto toral del Realismo Jurídico norteamericano.

En relación con el papel del Juez, no podemos olvidar, a pesar de que actualmente existe un grupo de juristas que pugna lo contrario, que todo sistema jurídico positivo tiene vacíos o lagunas, esto, porque las normas de los diferentes ordenamientos jurídicos no alcanzan a cubrir todos los comportamientos de la sociedad, por lo cual, el método por excelencia para colmar las lagunas de la ley es la facultad discrecional del Juez a la hora de aplicar el Derecho y emitir una resolución jurisdiccional.

Partiendo de la premisa de que todo ordenamiento jurídico siempre tendrá lagunas, entonces quien debe de colmar dichas lagunas de la ley es el juez; siendo este quien en el día a día conoce la realidad jurídica de la sociedad, ya que los litigantes al acudir al Tribunal le presentan diariamente los asuntos donde se plantean casos en los cuales las normas jurídicas deben ser aplicadas.

Ninguno de los mecanismos de integración debe ser descartado, pero la autointegración, mediante el proceso judicial es el método para colmar lagunas jurídicas por excelencia, pues las mismas serán detectadas siempre al momento de llegar a la necesidad de emitir una resolución judicial.

Ahora bien, del análisis desarrollado en el presente apartado, podemos ver que las ideas planteadas bien pueden aplicar a nuestro sistema jurídico nacional, esto, en virtud de que nuestra normatividad surgió de la realidad social nacida a partir de la Revolución Mexicana, lo que dio origen a la Constitución Política vigente.

Dicha Constitución marcó un avance importante en relación a la protección de los Derechos de determinados grupos sociales, sin embargo, el gran número de reformas que se la han hecho en estos 103 años de existencia, han borrado el espíritu que debe tener toda constitución: el de ser una declaración de principios que rigen el Estado y los Derechos de sus ciudadanos, sin profundizar demasiado en sus disposiciones, ya que para eso se dictarán leyes las cuales reglamentarán los artículos de la Constitución. Sin embargo, de una simple lectura de nuestra norma fundamental podemos apreciar claramente que los artículos que la componen tienen una extensión inusitada para un texto constitucional; y peor aún, prácticamente todos los temas relacionados con la vida de nuestra país ha sido elevado a rango constitucional.

Por eso, considero fundamental la creación de una Nueva Constitución, que recupere el espíritu de sencillez que debe imperar en una Constitución, enunciando de manera sencilla todos los nuevos aspectos de la realidad social que deban ser reglamentados por las leyes. Los cambios que ha experimentado el país desde 1917 a la fecha, además de la época tan crítica y oscura de estos días para nuestro país, exigen una modernización de nuestro sistema jurídico, iniciando por nuestra Constitución.

Al igual que como se hizo en la creación de la actual Constitución, el proceso legislativo del nuevo constituyente originario debe priorizar la protección de los Derechos fundamentales en general, para después enfocarse en la protección de los grupos vulnerables. También debe conseguir un equilibrio entre los derechos laborales y los intereses económicos (ya que existe actualmente, una disparidad en los beneficios que otorga la legislación laboral a los trabajadores, y los beneficios que la legislación mercantil otorga a los dueños del dinero).

También, algo que resulta improrrogable, es el proceso de equilibrar la balanza de las relaciones entre padres e hijos derivados de un proceso judicial en materia familiar, porque aunque el Máximo Tribunal ya se manifestó respecto de que los padres deben tener la misma oportunidad que las madres a la hora de ser elegidos para tener la guarda y custodia de los hijos, en la práctica esto no pasa, además de ser el varón víctima de la avaricia de su ex pareja a la hora de la fijación de las pensiones alimenticias.

Otro punto que merece una especial atención y que solo se podría dar con base en el nacimiento de un nuevo sistema jurídico, es la protección normativa y judicial efectiva de los indígenas, adultos mayores, personas con capacidades diferentes y demás grupos vulnerables. No se puede negar que dentro de los recintos judiciales y en las normas procesales, se prevén mecanismos que facilitan el acceso a la justicia a dichos grupos vulnerables, sin embargo, la recomendación del suscrito, es crear cuerpos legales completamente especializados en cada uno de dichos grupos, lo que conllevaría que las figuras jurídicas aplicables a la realidad de cada colectivo, deban sustraerse de los cuerpos normativos generales donde se encuentren plasmados, para ser insertados en nuevas normas especificas que sean creadas a la medida de dichas personas, para así realmente hacer accesible, justa, eficiente y eficaz el derecho a la justicia y al debido proceso que señala nuestra Carta Magna.

Por ejemplo, los temas relacionados con sucesiones, alimentos, el ahorro para el retiro, tutela, donaciones, temas agrarios, entre otros, que se encuentran en diversas legislaciones, deben sintetizarse en un único cuerpo de leyes que sea aplica específicamente a esos grupos vulnerables.

Sin embargo la tarea no termina ahí, ya que junto con las nuevas leyes aplicables a los mencionados grupos, el Estado debe crear órganos jurisdiccionales que se encuentren dedicados única y exclusivamente, a la aplicación de dichas leyes y que brinde atención especializada a los multicitados grupos vulnerables; por ello, otra propuesta es que dichos Juzgados especializados cuenten con un equipo de profesionales multidisciplinarios para la correcta atención de sus usuarios.

No faltará quien diga que esta función ya la cumplen actualmente los juzgados familiares, pero el problema con dichos juzgados es que atienden a usuarios y casos de índole tan variada, por ejemplo divorcios, sucesiones, guardas y custodias, alimentos, los cuales involucran a mujeres, niños, adolescentes, incapaces, etc., lo que propongo es la creación de leyes y tribunales especializados para cada grupo vulnerable donde se les pueda dar la atención especial requerida para cada asunto.

Otro tema que vale la pena mencionar, ya que al parecer lo vamos olvidando o tergiversando en el camino, es que nuestro país se encuentra sujeto a un régimen Federal, y que se compone de Estados libres y soberanos en lo relacionado a su régimen interior. ¿Por qué hago esta mención? Porque en lo que va del presente siglo, nuestro país ha desarrollado una pasión por la creación de Códigos aplicables para todos los Estados de la República, cuyo contenido regula temas que con competencia de dichos Estados. Parece correcta la creación de dichos códigos en lo relacionado a la materia procesal, para homologar los procedimientos judiciales en todo el país y evitar la confusión procesal entre un Estado y otro. Sin embargo, la creación de este tipo de códigos en materia sustantiva es completamente equivocada, ¿Por qué?

Cada Estado, como lo hemos mencionado a lo largo del presente capitulo, tiene una realidad social diferente, la cual se sustenta en los usos y costumbres de cada pueblo y comunidad que lo compone, por lo cual, resulta un error terrible la homologación de las leyes sustantivas que son el reflejo de esos usos y costumbres en cada Estado; por ejemplo, puede variar muchísimo la incidencia del abigeato entre un Estado y otro, o los niveles de feminicidios también varía entre Estados, en algunos Estados se prefiere que la familia paterna sea quien ejerza la patria potestad a falta de los padres, en cambio en otro prefieren a la familia materna, y así podemos seguir plasmando ejemplos que muestran que la tendencia de códigos sustantivos nacionales únicos es una equivocación de política legislativa.

Como bien podemos ver, nuestro sistema jurídico necesita un resurgimiento total y existe tela de donde cortar para ello, la pregunta es, ¿Cuánto tiempo tendremos que esperar para que dicho cambio suceda?

IX.   México.

Cuando nos adentramos al estudio de la historia de nuestro país, el primer tema que encontramos en cualquier antología es el México prehispánico; se nos indica que por temas de desarrollo y cultura, nuestro territorio nacional se dividió en dos zonas, teniendo a Aridoamérica en lo que hoy es el norte de México, y Mesoamérica en el actual sur respectivamente, (sin embargo algunos historiadores agregan a dichas zonas, la conocida como *oasisamérica* la cual según se plantea, comprendió zonas tanto de Mesoamérica como de Aridoamérica).

Dichas zonas a lo largo de los siglos, fueron ocupadas por diferentes pueblos, muchos de ellos bastante destacados por sus logros arquitectónicos o científicos, como los Mayas, los Teotihuacanos, los Olmecas, etc., sin embargo, por la trascendencia cultural, política, económica y social, que aún hoy se percibe, destacaron entre todas dichas culturas, los Aztecas y los Incas, los primeros en México y los segundos en Perú, a pesar de que la cultura Olmeca sentó las bases de las culturas mesoamericanas, fue sin duda superada por mencionados pueblos.

En relación a los aztecas, encontramos que su régimen era teocrático, y que la figura de gobernante y sacerdote recaía en el tlatoani, por lo tanto era la persona que concentraba en si todo el poder, la dirección del ejército y el culto religioso. Su desarrollo económico y militar les permitió extender su área de influencia desde lo que hoy es la Ciudad de México, hasta territorios limítrofes con Guatemala. Sin embargo, como sistema, este tuvo sus fallas, ya que no consiguieron bajo ninguno de los medios a su disposición someter a diversos pueblos, entre ellos los Tlaxcaltecas, error que les saldría bastante caro más adelante.

Quisiera señalar dos puntos importantes; el primero de ellos es que el presente apartado no pretende ser un curso de historia patria, lo que busco es dar un panorama general de lo que ha ocurrido en nuestro país a lo largo de los siglos, para poder entender mucho de lo que hoy ocurre; y segundo, desde el régimen político de los mexicas, se puede apreciar la tendencia de nuestro país a darle el poder a un hombre.

Dicha tendencia se puede ver reafirmada tras la caída de Tenochtitlán en 1521, y de todo el territorio nacional durante los siguientes años en manos de los españoles, ya que el poder en un primer tiempo queda en manos de Hernán Cortés artífice de la conquista; después, la forma de gobernar cambia en varias ocasiones hasta que se instituye la figura del virrey. Este solo obedecía las órdenes del rey de España, ya que en la Nueva España era prácticamente soberano. El primer virrey fue Antonio De Mendoza y el último Juan O´Donoju.

El virreinato enfrento etapas muy difíciles en su desarrollo, como las inundaciones de la Ciudad de México, las terribles epidemias que afectaron sobre todo a los indígenas, y las sublevaciones de estos, (una de las más memorables, la de Jacinto Canek en Yucatán) pero el punto clave, era la concentración de poder que el virrey tenia a la hora de gobernar la colonia; era la máxima autoridad después del monarca español, además de disponer de bastantes recursos económicos derivados de la gran riqueza natural y mineral del territorio, por ejemplo se utilizaron bastantes recursos para la construcción del castillo de Chapultepec, o para la formación de ejércitos para desarticular las revueltas indígenas, sobre todo de aquellos bravos apaches del norte, que siguieron causando estragos hasta muy entrado el siglo XIX.

De la época colonial se puede decir que arrojó un balance más negativo que positivo en la historia del país, esto, como ya se mencionó, por la sobreexplotación de los recursos naturales del país, además del poco cuidado de los indígenas y su patrimonio cultural; de lo bueno que dejó la colonia, podemos hablar en primer lugar, de la creación de la Real y Pontificia Universidad de México, antecedente de nuestra actual Universidad Nacional, además de darnos grandes escritores como Juan Ruiz de Alarcón y Juana de Asbaje, o escultores y arquitectos como Manuel Tolsá.

Sin embargo, y a pesar de todas las virtudes y bondades el territorio del Virreinato, a finales del siglo XVIII y principios del siglo XIX, la decadencia del reino español, tanto política, como económicamente, generó inevitablemente una crisis en la Nueva España, la cual derivó en varias conspiraciones y reuniones para tratar de mantener al virreinato al margen de la situación que vivía España, la cual empeoro con la invasión napoleónica. Entre dichas conspiraciones tenemos la generada en 1808 que se tradujo en la caída del Virrey, aunque generando la pérdida de elementos valiosos como el Licenciado Primo y Verdad. Sin embargo, una de tantas conspiraciones generadas en la época resultó efectiva y desencadenó la Independencia de México.

La revolución de independencia pasó por varias fases en las que cada una tenía su propio líder, comenzando con Miguel Hidalgo, quien encabezó la primer fase de la lucha, siendo sucedido por José María Morelos, cuando Hidalgo junto con los primeros líderes independentistas cayeron en Coahuila y murieron en Chihuahua en 1811.

En este punto considero que vale la pena clarificar que tanto el cura Hidalgo, como muchos de aquellos que lo apoyaron en el inicio de la guerra, no buscaban el establecimiento de un gobierno completamente independiente, ya que si bien pugnaban por la separación gubernamental de España, también pretendían el establecimiento de Fernando VII como monarca de la Nueva España. No fue hasta que Morelos asumió el mando del movimiento insurgente que se proclamó la independencia real y completa de la metrópoli, y así mismo, otorgó el primer documento que pretendía regir la vida de la nación independiente, aunque en la práctica, la *Constitución de Apatzingán* no tuvo validez jurídica.

Las diferentes fases del movimiento insurgente también nos muestran la tendencia muy mexicana de concentración del poder en un hombre. De ejemplo sirva el mismo Morelos que concentró en si el liderazgo insurgente con los estridentes títulos de *Generalísimo* o *Siervo de la Nación*. Dicha tendencia continuó aún al final de la guerra en la persona del General Vicente Guerrero, quien en un alarde de cordura pactó con el sagaz militar monárquico Agustín de Iturbide la independencia de México.

Podemos señalar este acontecimiento como el momento en que se abre oficialmente en nuestro país la época de los caudillos, aquellos hombres providenciales destinados a dirigir los destinos de la Patria.

La primera forma de gobierno independiente de nuestro país fue una regencia de 5 miembros en la que se encontraba el ya mencionado Agustín De Iturbide, quien después de varias negociaciones, y valiéndose de la reputación ganada al consumar la independencia, logro ser nombrado como emperador de México, coronado como *Agustín I*.

Sin embargo, la proliferación de caudillos (los más representativos en esta primera etapa fueron Guadalupe Victoria y Antonio López De Santa Anna) y la grandísima ambición de poder de todos ellos, aunado a las diferencias ideológicas lograron la caída del imperio unidos bajo el plan de Casa Mata; después de la caída del emperador, se estableció como fue costumbre en la época, un gobierno provisional colegiado, procediendo a la celebración de elecciones, y erigiéndose Guadalupe Victoria como primer Presidente Constitucional de México.

Terminado el mandato de Victoria, (cuyos logros fueron el establecimiento de las primeras relaciones diplomáticas de México como país independiente, y la derrota definitiva de los intentos de reconquista por parte de España) el país vivió un gran vacío institucional, ya que la figura del presidente se volvió una caricatura, ya que al ser una investidura tan ambicionada por los caudillos, el titular de la misma luchaba más por conservarla que por gobernar. Un caudillo o el vicepresidente en turno (quien llegaba a esa posición por ser el candidato presidencial derrotado) derrocaban al presidente. Una persona llegaba al poder, y rápidamente otra conspiraba en su contra para llegar a la silla presidencial. Esto se tornaba aún más grave al existir dos grupos políticos ideológicamente irreconciliables: el federalista, que pugnaba porque el establecimiento de una República Federal con Estados miembros que fueran libres y soberanos en su ámbito interior; y los centralistas, que proponían que todo el gobierno residiera en la capital del país y las grandes decisiones las tomara únicamente el Presidente en turno, convirtiendo a las entidades Federativas en meros departamentos.

La debilidad de la investidura presidencial, sobre la cual descansaba la pequeña fortaleza del Estado, generó las grandes derrotas para nuestro país que significaron la guerra de los pasteles contra Francia y sobre todo, la invasión estadounidense de 1847, contingencias a lasque no se les hizo frente de manera exitosa, ni siquiera decente, porque mientras los norteamericanos avanzaban por el país, varios hombres peleaban por la presidencia del país; una lástima que las divisiones internas nos hayan costado la mitad de nuestro territorio.

Las dos facciones conformadas por federalistas y centralistas, con el paso del tiempo y la radicalización de sus posturas e ideas, se convirtieron en liberales y conservadores, y cada una tuvo un gobierno paralelo al de otra facción, y de igual manera cada una tuvo sus caudillos. Desfilaron varios hombres cada uno, a su manera, representante de la ideología política que abrazaba: Gómez Pedraza, Gómez Farías, Canalizo, Arista, De La Peña, Paredes Arrillaga, Álvarez, Corro, Barragán, Bustamante, Ceballos, Anaya y muchos otros más; cada uno en mayor medida liberal-federalista o conservador-centralista, pero siempre en pugna con todo y lo costoso que era para el país.

Pero entre los numerosos presidentes y líderes que México tuvo a lo largo del siglo XIX (muchos de ellos recordados por la historia, otros tantos relegados al olvido) debemos identificar tres hombres que marcaron la figura presidencial y la historia del país, al grado de que durante su periodo de gobierno, no se hablaba del presidente en sí, si no del hombre: Santa Anna, Juárez y Díaz.

Enrique Krauze (1994) señala sobre su *Alteza Serenísima* que *"Entre 1833 y 1855, Santa Anna había sido once veces presidente, y no lo fue más porque su vocación no se hallaba tanto en el ejercicio del poder cuanto en la conspiración perpetua, el lucimiento personal y la guerra. Lector de César y admirador rendido de Napoleón, el sueño de este extraño personaje de opereta detestado por la historiografía liberal, y criticado por la conservadora, era una especie de gloria imperial sin corona. El pueblo, sin distinción de clases, lo adoró casi siempre. No fue el único responsable de la pérdida de Texas en 1836 y menos de la derrota frente a los Estados Unidos en 1847, pero los liberales, que lo derrocaron finalmente en 1855, lo habían convertido en «el hombre fatal, el genio del mal que abortó el averno para oprimir, degradar y vejar a la magnánima, dulce y apacible nación mexicana», un vil traidor, «vende patrias» sin derecho a estatua".*

Lo anterior es una de las tantas cosas que se han dicho de Santa Anna, pero, sin afán de generar un debate con los académicos, un juicio de dimensiones apropiadas sobre dicho personaje, arrojaría en primer lugar, que siempre acudió en auxilio de la patria cuando esta se encontró en apuros; y segundo, que de haberse obstinado en la venta de territorio identificado como La Mesilla, seguramente el país hubiera sido invadido nuevamente por Estados Unidos, y muy probablemente convertido en colonia o protectorado Norteamericano; con un mal menor se evitó un mal mayor.

De Juárez se han escrito también tantas cosas, buenas y malas, es la imagen más grande en el altar de la patria, y claro que se le debe de reconocer lo que hizo para lograr la caída del imperio de Maximiliano (pudiéndosele reprochar la falta de piedad para la vida del emperador), pero, por otro lado, se le puede también acusar buscar hacer de México un protectorado de Estados Unidos, acabando con parte de la soberanía nacional, con tal de que el vecino del norte lo ayudara a combatir a los conservadores y al imperio. Era una persona con una obsesión al poder y que no estaba dispuesto a entregarlo por nada del mundo; hoy se le ama, pero en el pasado entró en conflicto con muchos de los grandes liberales que en su momento lo apoyaron.

Otra cosa que jugó a favor del Benemérito de las Américas, es el origen humilde que tuvo, como un pobre y huérfano pastor indígena, que superó la pobreza y fue escalando hasta la primer magistratura del país; lo cual nos demuestra que desde más de un siglo, la construcción ideológica en torno a ideas, momentos, fechas y personas, era un habito normal en la construcción de la identidad nacional. Romantizando la pobreza desde hace siglos.

Si Juárez no hubiera muerto de manera tan repentina, se hubiera perpetuado varios años más en el poder, y se podría afirmar con toda seguridad que Sebastián Lerdo de Tejada u otros liberales destacados también con ambiciones presidenciales, no lo hubieran podido quitar de "la silla", tanto así que ni siquiera "el héroe de la batalla del dos de abril" pudo moverlo con su intentona del Plan de la Noria.

Respecto de Porfirio Díaz, al igual que con Santa Anna, podemos encontrar una historia de claroscuros en su vida. Ejemplo de ello es que durante las guerras de Reforma y en la lucha contra el Imperio, fue uno de los militares más destacados, además de un buen gobernador de Oaxaca. Ya como presidente, introdujo un gran número de adelantos en el país, como el telégrafo, el teléfono, el mejoramiento de los ferrocarriles y la electricidad. En cambio, y en sentido negativo, podemos señalar como sus desaciertos, la prolongada estancia en el poder, la cooptación y silenciamiento de los medios informativos, y la violenta represión de los opositores al régimen. Pugnando por un juicio histórico más justo, no se puede negar que el periodo encabezado por Porfirio Díaz le otorgó al país la estabilidad política que jamás pudo lograr durante los primeros cincuenta años de vida independiente, generando por ello una época de crecimiento económico pocas veces visto en la historia del país.

Durante los meses finales del año de 1910, año importante para el país al ser el del festejo del centenario del inicio de la independencia, las celebraciones de dicha conmemoración iban a ser vistas por todo el mundo, estalla la revolución y con ella llegan más caudillos: Francisco I. Madero, que mas que buscar una democracia efectiva, personalmente considero que buscaba el poder; Zapata y Villa, los más grandes caudillos de la lucha y que le dieron un toque más popular y social a la misma y lograron que las causas del pueblo tuvieran voz; El paternal Venustiano Carranza el cual contaba un sentido importante de la historia patria, pero que al igual que Madero, el autor considera que su ambición no era otra que conseguir "la presidencial". Ya en la última etapa de la lucha armada llegan los grandes generales sonorenses; Obregón, De La Huerta y Calles. Mención aparte merece el trabajo de Carranza, en otorgarle al pueblo una constitución acorde a la nueva realidad del país, misma que fue promulgada el cinco de febrero de 1917.

Cada uno de los caudillos revolucionarios que llegaron al poder (no se puede negar que Villa y Zapata lo lograron a través de la Convención de Aguascalientes), dejaron cosas importantes para la transformación y desarrollo del México moderno, sin embargo, el caudillo que más aportó a la consolidación del México posrevolucionario fue Plutarco Elías Calles. De él dirá Krauze (1997) en relación con su labor transformadora que *"Uno de los primeros «frentes» de acción fue el bancario y fiscal. Lo comandaba el ministro de Hacienda, Alberto J. Pani, con quien colaboraba muy de cerca un joven brillante que había sido ya, durante el gobierno de Obregón, subsecretario de Hacienda y agente financiero del gobierno mexicano en Nueva York: Manuel Gómez Morín"*.

Abordar el gobierno callista, así como en general los gobiernos emanados de la Revolución sería un ejercicio igualmente materia de otro trabajo, pero vale la pena puntualizar que el gobierno de Calles y su "Maximato", fueron el primer caso moderno del presidencialismo mexicano. Calles trató de continuar el Maximato en la persona de Lázaro Cárdenas, como ya lo había hecho con otros presidentes anteriores, sin embargo, el ilustre general michoacano tomó la primera decisión que se puede identificar como el ejercicio pleno del poder presidencial: el exilio de Plutarco Elías Calles. Poco tiempo después la segunda gran actuación de dicho poder casi imperial, tuvo una gran trascendencia para la economía nacional, tanto así, que las repercusiones de dicho acto se siguen sintiendo hoy en día: expropiación petrolera.

Con lo expuesto anteriormente en este capítulo, trato de dejar en claro que en México desde los primeros ejercicios de poder político (con los aztecas) se encuentran antecedentes suficientes para llegar a la conclusión que el presidencialismo forma parte del ADN de la política nacional. Para mí, la institucionalización del presidencialismo inicia con la llegada a la presidencia de Manuel Ávila Camacho. Si bien es cierto que se le pudiera aun englobar en la categoría de caudillo por ser el último presidente que participo activamente en la Revolución Mexicana, cabe aclarar, que el papel que jugó en la revolución, al igual que el de Cárdenas y Ruiz Cortines no fue para nada sobresaliente.

Al entrar en los tiempos de la sucesión presidencial, Lázaro Cárdenas se encontró ante una disyuntiva: apoyar como candidato al General Mujica, quien, a pesar de ser de su agrado, representaba al sector más radical de la revolución, o jugarse las cartas con un candidato de talante moderado que pudiera trazar una línea de continuidad y unidad nacional: ante esto, El General Cárdenas optó por apoyar la elección de Ávila Camacho, lo cual implicó la creación del famoso "dedazo", práctica que a partir de ese momento se convirtió en toda una "tradición política".

En el gobierno del "presidente caballero" hubo dos momentos claves en el desarrollo del país, siendo el primero de ellos, un leve mejoramiento de las relaciones que el gobierno tenía con la iglesia católica nacional; debemos recordar que la relación estado-iglesia se encontraba sumamente dañada debido a la intolerancia religiosa que distinguió a muchos gobiernos revolucionarios, en especial el de Calles. Durante ese sexenio, se permitió las celebraciones de misa fuera de los templos y se le dio a la iglesia, un poco de participación en la vida política del país.

El segundo momento relevante en el régimen avilacamachista, fue la intervención del país en la segunda guerra mundial. Más que una intervención bélica por el hundimiento de los buques mexicanos, se intervino para agradar a nuestro vecino del norte. Gracias a esa intervención, la economía mexicana avanzó a tal grado que dejamos de ser un país puramente agrícola y avanzar a la industrialización, con la finalidad de satisfacer la demanda de determinados productos existente en Estados Unidos.

Respecto de este punto, Enrique Krauze (1997) apunta que *"otro signo de los nuevos tiempos fue la voluntad personal de autocontención que demostró Ávila Camacho. Cuando, en el marco de la guerra, decretó la suspensión de garantías individuales, casi de inmediato procedió a reglamentarlas mediante un estatuto que la Procuraduría General de la República debía revisar de modo permanente"*. Ambas decisiones plenamente reflexionadas y tomadas por el presidente resultaron ser apuestas arriesgadas pero exitosas.

En 1946 llega el primer presidente civil después de la revolución: Miguel Alemán Valdés. La viva imagen de la corrupción, el nepotismo y la vanidad. Decisión correcta fue la construcción de Ciudad Universitaria; pésima fue la construcción de una estatua en su honor en dicho campus, así como la restricción de la libertad de expresión impuesta a determinados medios de comunicación. Pero como no todo en las presidencias imperiales resulta ser desastroso, algo que considero atinado fue la destitución de gobernadores que no se sujetaron a la autoridad presidencial ya que es importante una "familia política" uniforme y unida, por lo que resultó necesario (y tal vez hoy en día sea una medida que valga la pena cuando menos analizar) remover gobernadores ineptos en el ejercicio de sus funciones.

Dio los primeros visos de participación política a la mujer en el ámbito municipal, fue un gran impulsor del turismo, prueba de ello fue el gran avance que tuvo Acapulco, lugar que se convirtió en el lugar preferido para vacacionar. Nuevamente el maestro Krauze (1997) nos da un panorama de este presidente: "*Miguel Alemán decidió tantear por su cuenta los límites del poder presidencial y encontró que, entre los límites externos (el poder de los Estados Unidos, por ejemplo) e internos (el límite sagrado de la «no reelección»), podía hacer, como se decía en tiempos virreinales, «su real gana»*". ¡Y Alemán creó al PRI! (con tono sarcástico en referencia a las creaciones divinas en el Génesis), dejo la presidencia, se convirtió en el míster amigo, de Estados Unidos y la figura sagrada del sexenio de Miguel De La Madrid.

Siguiendo cronológicamente los periodos presidenciales, sin librarse del inmenso poder presidencial, Adolfo Ruiz Cortines (don Adolfo el viejo), es considerado (me uno), el presidente más noble de todos los que han ocupado dicho cargo en la historia del país. Cuando tomó posesión de la presidencia, publicó una lista de todos sus bienes, y ordenó que hicieran lo mismo los empleados públicos (interesante e histórico antecedente de la transparencia y acceso a la información pública), y procedió a revisar los contratos de las obras que el gobierno realizaba. El gran problema fue que no hizo nada en contra del ex presidente Alemán y por lo tanto dejó para la posteridad la creación del dogma de que el presidente saliente era intocable. Mala elección.

Siguieron las prácticas de dar una rebanada de pastel a todos los sectores de poder, ya que la norma fue y sigue siendo, la repartición de candidaturas entre los diferentes sectores de los partidos políticos (sindicatos, gremios, caciques, etc.) También se continuó con la práctica del presidencial visto bueno de las listas de personas que eran propuestas para gobernadores, diputados y senadores federales. Dentro de lo más rescatable e histórico de su administración, fue la concesión del voto a la mujer a nivel federal.

De López Mateos se puede destacar, en primer lugar, que fue un gran orador; en segundo, su pasión por el deporte era por ejemplo amante de la caminata; en alguna ocasión, se dice, llegó caminando hasta Guatemala. Algo que personalmente me hace admirarlo, fue utilizar sus dotes de oratoria para la campaña de presidencial de José Vasconcelos.

En el aspecto político se puede decir poco del él en sí; él era el presidente formalmente hablando, pero las grandes decisiones las tomaba el secretario de gobernación Gustavo Díaz Ordaz. Represión del sector obrero y campesino, caracterizada por su nivel de crueldad. Después llegó la terrible represión del sector estudiantil; una clase estudiantil con un gran sentido político, estudiantes de la UNAM y del politécnico nacional siempre comprometidos por mejorar el sistema democrático.

Por otro lado, es triste el caso que nos presenta el doctor Enrique Krauze, en su libro "La Presidencia Imperial", el caso del doctor Nava y el derrocamiento del gran cacique, Gonzalo N. Santos. El doctor Nava llego a la presidencia municipal de la capital del estado de San Luis Potosí, luchó por la gubernatura del estado, sin recibir el apoyo del Partido de Estado, haciendo este fraude electoral en perjuicio del Doctor Nava, quien fue recluido en el palacio negro de Lecumberri donde fue torturado. Su llegada a la presidencia municipal fue un verdadero acto de democracia, pero al querer llegar más lejos, con su derrota donde se usaron todo tipo de artimañas, se mandó un claro mensaje: solo el partido oficial tenía el poder.

A partir de aquí comienza, considero yo la decadencia del sistema político mexicano. De Díaz Ordaz hasta Miguel De La Madrid, el presidente se volvió una figura mayormente gris, con decisiones políticas y económicas erráticas; aunque claro, en varios momentos los presidentes no dudaron en hacer gala de su gran poder cuando la situación lo ameritaba.

Con el fin del sexenio llegan las grandes ceremonias de la sucesión presidencial: el dedazo, el tapado y el destape, no del candidato, si no prácticamente del siguiente presidente; correspondería al hombre que manejó los hilos de la política en el país: Díaz Ordaz. El periodo de Díaz Ordaz y el de Luis Echeverría se caracterizaron por su autoritarismo y quedaron tristemente marcados por las represiones a estudiantes (el triste 2 de octubre del 68 con Díaz Ordaz y el jueves de Corpus con Echeverría).

Aquí debemos de detenernos un poco. Es indudable que todo gobierno es objeto de críticas, muchas veces injustificadas, y otras veces con evidente razón, como cuando se hace uso de manera terrible de la fuerza, y más cuando se utiliza contra los estudiantes. Siempre existirán medidas correctivas más prudentes cuando las protestas, de la naturaleza que sean, elevan su nivel de violencia, sin embargo, la represión violenta de las mismas debe ser erradicada para siempre de un sistema democrático como el que pretende ser el mexicano.

Echeverría… autoritario, asesino de estudiantes sin que sirva de pretexto para las mismas, que las matanzas de 1971 fueran con fines políticos para librarse del regente del Distrito Federal que era afín a Díaz Ordaz; se enemistó con la iniciativa privada (en especial con el poderoso Grupo Monterrey), destructor de la libertad de prensa como se pudo notar por el golpe al Excelsior de Julio Scherer, en fin, casi destruyó todo lo bueno que los gobiernos anteriores construyeron, en especial durante el periodo del desarrollo estabilizador.

Mención aparte en el periodo de Echeverría merecen las guerrillas; en particular la de la liga 23 de septiembre y la de Lucio Cabañas. La primera se elevo con su asalto a estación Madera en Chihuahua y el intento de secuestro que termino en asesinato del grandísimo magnate Eugenio Garza Sada. La segunda obtuvo fama por el secuestro de un cacique del estado de Guerrero. Ambas harían pensar a un sector de la sociedad, que el sistema mediante ataques podría cambiar, sin embargo, el mismo sistema solo las reprimió con gran dureza, aunque el daño ya estaba hecho, ya que esas acciones contribuyeron al debilitamiento moral del sistema.

Los sexenios de López Portillo y de Miguel De La Madrid se caracterizaron por grandes contrastes a nivel económico. Con López Portillo hubo de nuevo un gran aumento en la economía gracias al descubrimiento de nuevos pozos petroleros en la zona del Golfo de México, aunque al final, dicha aventura terminara en tragedia con una insensata nacionalización de la banca. De La Madrid se destacó en el ámbito económico, por entregar a los organismos económicos internacionales la soberanía económica de nuestro país.

No debemos olvidar que López Portillo fue el primero que comenzó la entrega en bandeja de plata a nuestro país a los dueños del dinero, ni tampoco que la fuga de capitales durante su sexenio, y gracias a sus pésimas decisiones fue escandalosa. Los nuevos yacimientos petroleros no sirvieron de nada ya que los precios del "oro negro" bajaron. México en bancarrota.

El peso se devaluó, a pesar del que el perro lo iba a defender. Aumentó la deuda externa y la corrupción. Grandes y constantes cambios en el gabinete desestabilizaron la política interna. De aplaudirse fue la designación de don Jesús Reyes Heroles como secretario de gobernación. Todo un desastre.

De La Madrid, hombre gris impulsor del neoliberalismo en nuestro país, una variante del capitalismo salvaje, pero con otro nombre. El terremoto del 1985 fue terrible, una gran tragedia nacional que la familia política no pudo contrarrestar; se vieron ineptos e insensibles. La otra cara de la moneda fue la población, que a base de lucha salió adelante. Terrible la pérdida de Manuel Buendía, que como menciona José Agustín en su libro "Tragicomedia mexicana II," (1992) fue obra del gobierno. También de esta época data el inicio del matrimonio Diabólico entre el Gobierno y el narcotráfico.

No entiendo como lo bueno que construyó el presidencialismo de Ávila Camacho hasta López Mateos fue destruido tan fácilmente por cuatro presidentes, presidentes que estigmatizaron la fama de nuestro sistema político. Recordando de igual forma que en este periodo de dio inicio de la apertura del sistema al PAN, sin que se pueda olvidar el fraude patriótico en contra del también pésimo ex gobernador Francisco Barrio por la gubernatura de Chihuahua, sin embargo, la gota que derramó el vaso fueron las fraudulentas elecciones presidenciales de 1988.

Cuauhtémoc Cárdenas, hijo del gran general Lázaro Cárdenas, buscaba la candidatura a la presidencia por el PRI, pero como no se la concedieron, un segmento del partido se "democratizó" y al ser separados del partido se lanzaron por otro rumbo por la presidencia de la republica.

Como relata el mismo José Agustín, Cárdenas (1998) ganó las elecciones, pero el gran partido orquestó un extraordinario fraude, al quemar boletas y otro tipo de tácticas para aferrarse al poder. Los candidatos derrotados (Cuauhtémoc, Clouthier y Rosario Ibarra) se unieron para apelar el resultado, pero esto no funcionó. Continúa comentando Agustín (1998), que el propio Salinas negoció con Luis H. Álvarez, chihuahuense presidente nacional del PAN, su reconocimiento como presidente a cambio de la presidencia en el año 2000 y lo logró. Clouthier no aceptó y eso le costó la vida; Cárdenas siguió su lucha democrática, la cual se vio recompensada con la medalla Belisario Domínguez.

Pero, vale la pena destacar que Salinas De Gortari es cosa aparte. Una supuesta renegociación de la deuda externa sirvió para medio limpiar la imagen del "presidente" Salinas, que después se vio fortalecida por el tratado de libre comercio, que sirvió para dar la entrada libre a Estados Unidos y muchas restricciones más a nuestro país.

Acabó con la "Quina", el mítico líder petrolero, legándonos a Romero Deschamps, otro cínico personaje; y así como De La Madrid nos heredó a Salinas de Gortari, este último nos libró de Jonguitud Barrios para entregarnos a Elba Esther Gordillo, pésima líder del sindicato de maestros.

Los postulados neoliberalistas continuaron con este hombre. Privatizó y vendió muchísimas empresas del Estado o paraestatales a precios bajísimos, ejemplo de ello son los bancos y Telmex que fue regalado prácticamente a Carlos Slim y que esto terminó por catapultarlo a él y a otros beneficiarios de las políticas económicas, a las listas de los hombres más ricos del mundo.

Dio poder político a la iglesia, trato de destruir al PRD, el PRI y el PAN se volvieron súper amigos y este partido alcanzó más puestos políticos mediante acuerdos oscuros con los priistas. Los asesinatos de Colosio y de Ruiz Massieu aún sin resolver, son un gran lastre al legado que este presidente trató de construir.

Zedillo, gris, Fox un mal chiste, Calderón un fracaso total, y Peña Nieto como el vivo retrato de la corrupción, cierran un triste periodo de la historia nacional. De estos cuatro aún no se ha escrito lo suficiente para poner en contexto su legado, aunque de un balance inicial, Zedillo sería quien saldría mejor librado.

Los antecedentes de nuestro país, como ya lo hemos señalado y demostrado a lo largo de este texto, nos demuestran que el sistema presidencialista es el que está en el ADN nacional y terminar con el sería prácticamente imposible.

Nuestros antiguos monarcas sexenales llegaron a tomar buenas decisiones, pero los hombres incorrectos que fueron elegidos tomaron decisiones incorrectas que nos tienen en el lugar en el que estamos. En verdad ¿no nos gustaría un progreso como el que se dio durante el milagro mexicano tutelado por un gran hombre como Ortiz Mena? ¿No buscamos hombres honestos como Ruiz Cortines?

El problema no es cómo vamos a cambiar nuestro sistema político, el problema es escoger a los hombres adecuados… ¿Qué sería hoy de México si Cuauhtémoc Cárdenas, Antonio Ortiz Mena o Jesús Reyes Heroles hubieran sido nuestros presidentes? Seguramente algo mejor. Teniendo el presidente un gran poder y siendo ejercido por los hombres correctos, sin duda la historia sería diferente.

Como se señaló en apartados anteriores, resulta imperante que se erija un nuevo sistema jurídico en nuestro país, empezando por la elaboración de una nueva Constitución, las normas que de ella emanen, así como la creación de nuevos órganos jurisdiccionales que sirvan para atender a determinados grupos vulnerables. Sin embargo, el cambio no debe ser únicamente jurídico, ya que el aparto estatal obligatoriamente tiene que cambiar también.

Al ver que nuestro sistema privilegia el poder de un solo hombre, tal vez ha llegado el momento de admitir que vivimos en una monarquía cuasi absoluta para dejar de engañarnos con la fantasía de una democracia que tiene tres poderes independientes entre sí, ya que como es bien conocido por todos, los demás poderes del Estado no son más que objeto de burla y desconfianza para la sociedad, ya que se encuentran sometidos al poder ejecutivo. Lo cual nos lleva a plantear, una necesaria reconfiguración de conformación del Estado Mexicano.

En primer lugar, es necesario un adelgazamiento del Estado, ya que muchos de sus órganos no cumplen con la finalidad para la que fueron creados. Por ejemplo, vale la pena considerar una reestructura del Congreso de la Unión, para que quede conformado con una sola cámara que se integre como lo hace actualmente el Senado sin contar a los senadores plurinominales y de segunda mayoría: Dos senadores por Estado, que sean quienes representen los intereses políticos y económicos de sus respectivas demarcaciones, y sean quienes se encarguen de elaborar las leyes.

El actual sistema bicameral, nos muestra que además de existir una sobre representación, que solo sirve como un barril sin fondo de recursos públicos, y como espacios de recompensa política. Dicha reestructuración permitiría una adecuada distribución de los recursos que se ahorraran, los que especialmente deberían entregarse a los Estados.

En este punto resulta fundamental, que la reestructura del Estado, implique una mayor libertad para las Entidades Federativas en el ámbito de su competencia, ya que son estas quienes se enfrentan al día a día de sus gobernados y no la federación. Las decisiones políticas relevantes en el interior deben darse a través de los Estados, sirviendo la Federación, como árbitro y administrador de los recursos comunes de esta y todos los estados.

La conformación de la Suprema Corte de Justicia no debe variar, ya que ha demostrado un funcionamiento adecuado hasta el día de hoy; sin embargo, es de suma importancia, que se vuelva a los tiempos en que los Ministros de la Corte eran electos de manera popular, para así poder evitar que los ministros se sientan con deudas por pagar con el Presidente que los propone o con los Senadores que los aprueban.

El Poder Judicial de la Federación ha mostrado un mejor funcionamiento que los Poderes Judiciales de cada Estado, por lo cual, y como única concesión de los Estados y en detrimento del régimen federal, los Poderes Judiciales Estatales, deben ser absorbidos, organizados y administrados en cuanto a su estructura, por el Poder Judicial de la Federación, sin que los procesos que cada Poder Judicial tenga para aplicar las normas de cada estado se vean afectados por dicho cambio, ya que este debe gestarse únicamente en la esfera administrativa de cada judicatura local.

En relación a los organismos autónomos, estos deben ser sin lugar a dudas independientes de cualquier partido político, por lo tanto, el análisis y decisión para su integración y asignación de recursos, debe pasar por un análisis profundo realizado por un comité administrativo conformado por especialistas en las diferentes áreas competencia de los organismos autónomos, que sean nombrados por las cincuenta principales universidades del país. Este comité deberá enfocarse en la mejor integración de dichas instituciones, así como en la conformación del presupuesto de cada año de dichos organismos, mismo que deberá ser aprobado por los representantes de cada poder federal.

Como se puede ver, nuestro país es resultado de una larga tradición que deriva del hombre providencial, así como de una larga cadena de terribles errores económicos y políticos, sin embargo, espero que esta emergencia, genere un cambio de paradigma que permita a nuestro país mejorar antes de caer en lo más profundo del abismo.

X.   Naturaleza.

La presente emergencia sanitaria, así como los resultados benéficos que hemos podido observar en la naturaleza derivados de nuestro forzoso encierro, nos debe dejar importantes lecciones relacionadas con el futuro de nuestra especie.

En primer lugar, debemos ser conscientes que los recursos que ofrece el planeta para nuestra vida no son infinitos, tarde o temprano, el consumo desmedido de los mismos implicará, en primer lugar su disminución, y en segundo su desaparición.

En ese tenor, los Estados deben asumir verdaderos compromisos en el ámbito interno, para cuidar los recursos de cada país, para después asumir los respectivos compromisos internacionales. Por ejemplo, es menester que México refuerce sus controles para terminar con la tala ilegal que se lleva a cabo en la sierra de Chihuahua.

Dicha zona se conoce por la riqueza que tiene por ejemplo en pinos, los cuales, además de estar sujetos a la tala autorizada, son víctimas de tala desmedida e ilegal por parte de empresas que no tienen las autorizaciones de operación correspondientes, además de la que realiza el crimen organizado. El no cuidar los limites de tala, y más que nada los realizados ilegalmente, generarán una deforestación catastrófica en la zona, la erosión del suelo relacionado con la misma, así como la inevitable desaparición de las especies que perderán su hábitat.

Dentro del panorama medioambiental del futuro, se espera que en próximos años, el problema del agua se torne crítico. Podemos ver ya en los últimos años, reportajes que nos señalan como determinadas ciudades (de África mayormente) ya no cuentan con una gota del vital líquido. Estos ejemplos nos deben llevar a implementar todas las ideas y mecanismos posibles para mejorar el uso del agua, así como darle un verdadero uso a aguas provenientes de otras fuentes.

Por ejemplo, debemos crear procesos verdaderamente efectivos para la utilización del agua de lluvia, sobre todo, paradójicamente, en aquellas zonas como la del Valle de México, donde llueve en cantidad considerable la mayor parte del año, y sin embargo el problema de escases de agua es de los más fuertes.

Así mismo, instituciones científicas encabezadas por el Conacyt, deben darse a la tarea de crear modelos que verdaderamente funcionales para la reutilización del agua, ya que mucho se habla de implementar dicha medida, sin embargo hasta el día de hoy no resulta funcional más que para la descarga de desechos humanos. De igual forma, dichas instituciones, deben coadyuvar con el Estado, para una concientización efectiva de la reutilización del agua entre la población, ya que es en este sector donde por falta de cultura, se desperdicia la mayor cantidad de agua.

Los gobiernos se encuentran en la disyuntiva de ponderar en estos momentos donde el agua ya comienza a escasear, qué resulta más importante para sus gobernados, si el asegurar el suministro futuro de agua para todos, o priorizar el desarrollo económico hoy, en perjuicio del abasto de agua del mañana. Aunque en un primer momento la respuesta parece obvia, en verdad no resulta fácil responderla para los gobiernos, ya que estos priorizan la instalación de empresas cuya actividad económica implica un gasto elevado de agua, en perjuicio del suministro incluso actual de la población.

Aunque suene un cliché de hace muchos años, un tema que siempre resulta importante, y que tenemos muy olvidado, es la autosuficiencia del campo mexicano. Otra de las lecciones que nos deja la presente emergencia sanitaria, es que no estamos preparados para atender la demanda interna de productos agrícolas; si al día de hoy que la emergencia sanitaria no se ha extendido demasiado en el tiempo, ya sufrimos el encarecimiento de dichos productos (la mayoría de los cuales son importados), no me quiero imaginar qué pasaría si el periodo de confinamiento se extendiera de manera exagerada, la lógica me dice que el encarecimiento de los productos básicos que lamentablemente tenemos que importar por el abandono del campo, sería exagerado e implicaría que solo determinado sector de la población los podría adquirir, sin perder de vista que dicho encierro prolongado exageradamente podría tener como consecuencia mayor, el desabasto total de dichos productos y por consiguiente una crisis humanitaria de dimensiones colosales en nuestro país.

En cuanto al tema de los animales, el gobierno debe considerar un compromiso decidido en erradicar por completo, la venta de animales ya sean estos de compañía y más aún de animales salvajes. En relación a los animales de compañía, su venta debe proscribirse, en virtud primero, de un compromiso moral que la raza humana debe tener con los demás animales que habitan este planeta, en razón de ser supuestamente, el animal más evolucionado del mundo, por lo cual debe ayudar a dignificar la vida de las demás especies; en segundo, porque existe una sobrepoblación de animales de compañía abandonados, los cuales en su mayoría fueron comprados y después abandonados.

Sobre los animales salvajes o exóticos, el gobierno debe dejar de emitir permisos para comprar cualquier especie, ya que con ello se contribuye únicamente a la desaparición de dichos animales.

Sin embargo, el punto toral que nos debe llevar a cuidar de los animales, es que muchas teorías importantes de la criminología moderna, además de los antecedentes de vida de muchos criminales señalan que estos mostraron los primeros visos de conductas inapropiadas, con la generación de muertes de animales.

Por lo cual, los cuerpos policiacos y de procuración de justicia, deben destinar una parte importante de esfuerzos y recursos a trabajos de inteligencia destinados a identificar por todos los medios posibles, a aquellos sujetos que maltraten y asesinen animales, para que puedan ser castigados, pero sobre todo, ayudados adecuadamente, y evitar que dichas personas se sumen a las estadísticas de criminalidad.

Otro de los temas que actualmente ha degenerado en ideología, y que por lo tanto polariza a muchos sectores de la sociedad, es el del veganismo. Sin tratar de tomar partido entre la postura vegana y aquellos que defienden a ultranza el consumo de carne, solo quisiera puntualizar que el Hombre, como un animal más de este mundo, tiene en su naturaleza la necesidad biológica y física del consumo de carne, sin embargo se respeta los puntos de vista que consideran como la opción correcta a la vida vegetariana.

Respecto de la producción y consumo de carne, este debe hacerse bajo dos premisas fundamentales:

1- Disminuir al máximo el sufrimiento de los animales a la hora de matarlos para el procesamiento de la carne, o buscar formas indoloras de hacerlo sin comprometer la calidad del producto.

2- Evitar una sobreproducción de carne y sus derivados, ya que esto llevara al desecho de los productos sin venderse, provocando por lo tanto, un número elevado de muertes animales innecesarias.

A todo esto, considero que la humanidad ha alcanzado un punto importante de evolución para poder realizar actos de solidaridad a favor de los pueblos más débiles, por lo cual los países con mayores recursos deberían apoyar en donar a los países más débiles, el excedente de su producción alimenticia al que se le vaya a dar el tratamiento de desperdicio. Pero para que esto resulte atractivo a todas las partes, todos los miembros de la cadena productiva deben recibir incentivos fiscales para premiar dichas acciones, lo mismo debe ocurrir con los países que destinen dichos alimentos, estos deben recibir beneficios económicos de los organismos internacionales en materia económica por sus acciones humanitarias en apoyo de los más pobres.

XI.   Conclusiones.

Como podemos ver a lo largo del presente trabajo, vivimos en una época compleja, siendo esta, una consecuencia inevitable de los errores cometidos en el pasado. Sin embargo no todo está perdido.

A estas alturas de la vida, resulta imposible que podamos corregir los errores (voluntarios o no) de nuestros padres; sin embargo, estas nuevas generaciones que están por convertirse en padres, o que ya lo son en su etapa inicial, pueden tomar el presente análisis y evitar así dichos errores que nos llevaron a ser como somos.

Lo que sí se puede corregir es nuestro comportamiento y nuestras ideas. Debemos corregir nuestra arrogancia, la idea de que somos una generación que puede cambiar el mundo sin trabajar, debemos entender que la vida no es fácil y que para lograr el éxito tenemos que esforzarnos. Pero por otro lado, debemos seguir manteniendo el amor por viajar, ya que conocer el mundo y otras culturas hará que tomemos lo mejor de cada uno de ellos y traerlo a nuestra comunidad.

Debemos encontrar como padres el equilibrio para evitar el sufrimiento de nuestros hijos, pero a la vez, ayudarles para que logren su desarrollo emocional y profesional de manera propia. Pero sobre todo, debemos entender que ya no somos unos niños que deben cobijarse con sus padres a la primera dificultad.

El panorama de la violencia devastadora que golpea a nuestro país no desaparecerá sola por arte de magia. Debemos contar con la voluntad suficiente para cortar el negocio de los delincuentes de raíz, empezando por identificar si requerimos ayuda por alguna adicción, y así dejar de formar parte de la cadena económica de los delincuentes. De igual forma tenemos que dejar de adquirir productos que sabemos sin duda, que fueron robados, y así inhibir dichos delitos.

Los medios de comunicación deben regresar a sus orígenes, asumir el compromiso ante la sociedad de informar únicamente los hechos que de verdad ocurrieron, y dejar de transmitirlos sesgados por sus ideologías y motivados por su conveniencia económica derivada del malvado matrimonio entre Poder y periodismo. Deben hacer un juramento para ejercer su oficio con la mayor responsabilidad ética y moral y así evitar sembrar histeria colectiva entre los ciudadanos y no provocar con su falsa información consecuencias políticas o económicas nefastas.

Nuestros intelectuales deben volver a tomar el lugar que les corresponde en el mundo, y guiar culturalmente a nuestro país; el Estado debe incentivar verdaderamente las creaciones artísticas y literarias y sobre todo, promover su difusión, ya que como es bien sabido, las grandes ideas, generan los grandes cambios políticos y filosóficos en el mundo. Los maestros deben reclamar su lugar como los grandes motores del cambio y artífices del desarrollo de los países desde la raíz. Deben recuperar su vocación y los organismos reguladores de la educación pública deben premiar a aquellos maestros que la demuestren. Las instituciones de educación superior que tengan como finalidad formar a los maestros, deben ampliar su oferta académica para formar profesionales especializados en los temas administrativos y sindicales, para que las personas preparadas para ello, tomen los puestos correspondientes, dejando en las aulas únicamente a aquellos profesores con verdadera vocación.

La formación de las ideas y la formación de grupos de personas afines a ellas es algo normal a lo largo de la historia del Hombre, sin embargo, debemos evitar que dichas ideas lleguen al punto de una alta radicalización y se conviertan en ideologías, que muchas veces llevadas a la acción, han generado daños terribles a las personas que eran o disidentes o el objeto directo de sus ideas radicales.

Debemos dejar de lado, o en el ámbito interno de cada persona, aquello que nos hace diferentes para centrarnos en aquello que nos une, para entre todos hacer del mundo un lugar mejor.

Las diferentes religiones del mundo, deben retomar su lugar relevante en la vida de los hombres, para que estos, en los momentos difíciles que vivimos en estos días, no pierdan la esperanza de un futuro mejor. Deben dejar de lado su arrogancia, sus diferencias dogmaticas sin fundamento bíblico para que puedan lograr su unidad, y aumentar la esperanza de millones de fieles. Debe poder reconocer sus grandes errores, subsanarlos, castigar a los culpables, para recuperar su autoridad moral, y que vuelva a llevar a cabo su función social por excelencia: la equiparación del delito con los pecados para inhibir dichas conductas por temor a las represalias en la vida después de la muerte.

Nuestro país ha tenido desde sus inicios una marcada tendencia por la concentración del poder en un solo hombre, tradición que debemos reconocer y sin embargo delimitarla en la práctica. Debemos entender que los sistemas jurídicos tienen puntos de contacto para así poder crear un nuevo sistema normativo para nuestro país, acorde con la realidad social que se vive.

Dentro de dicha realidad, debemos priorizar leyes y órganos judiciales especializados en facilitar el acceso a la justicia de dichos grupos.

La realidad política tan sui generis de México, hace relevante la creación de nuevas estructuras del Estado.

Debemos proteger el mundo en que vivimos, cuidar sus recursos naturales, tanto animales como vegetales, priorizar el cuidado del agua y racionalizar su consumo, en el entendido de que de ella depende toda la vida en el planeta.

Debemos lograr la autosuficiencia alimentaria, pero sin olvidarnos del lugar que ocupamos en el escenario internacional, ya que esto no se trata de evitar la importación de los productos primarios, si no de minimizarla y darle prioridad a los productores nacionales.

Como podemos ver, hay muchos puntos que podemos mejorar, y esto solo se podrá hacer con una reconfiguración total del individuo, de la sociedad, del Derecho y del Estado.

Bibliografía.

- Bobbio, Norberto, "Teoría General Del Derecho", México, editorial Themis, 2007 Tercera edición.

- Sánchez Vázquez, Rafael, "metodología de la ciencia del derecho", México, Editorial Porrúa, 2008.

- Agustín, José, tragicomedia mexicana II, editorial planeta mexicana, México D. F. 1992.

- Agustín, José, tragicomedia mexicana III, editorial planeta mexicana, México D. F. 1998.

- Krauze, Enrique, siglo de caudillos, Tusquets editores, España, 1994.

- Krauze, Enrique, biografía del poder, Tusquets editores, México D. F. 1997.

- Krauze, Enrique, la presidencia imperial, Tusquets editores, México D. F. 1997.